Die 100 besten
Cocktails
ohne Alkohol

Marlies Forster

Die 100 besten
Cocktails
ohne Alkohol

Weltbild

Inhalt

Das Mixen 6
Die Ausstattung Ihrer Hausbar 8
Früchtegarnituren 10

Coole Vitamin-Shakes 12

Fruchtsäfte und Sirupe 14

Das Mixen

Das Mixen ist bei weitem nicht so schwer erlernbar, wie vielfach angenommen wird. Bei den alkoholfreien Drinks entfällt außerdem die Zubereitungsart »Rühren im Mixglas«, die hauptsächlich bei den klassischen, alkoholstarken Cocktails angewandt wird. Die drei Möglichkeiten zum Mixen von alkoholfreien Drinks beschränken sich auf das »Schütteln im Shaker«, die »Zubereitung im Standmixer« und auf das direkte »Anrichten im Trinkglas«.

Das Schütteln im Shaker

Unter den drei Möglichkeiten, einen alkoholfreien Cocktail zuzubereiten, ist das »Schütteln« die anspruchsvollste und diejenige, die etwas Übung erfordert. Die untenstehenden Abbildungen zeigen die vier wichtigsten Zubereitungsstufen des Schüttelns. Für alle Drinks, die mit dem Shaker zubereitet werden, kann auch der Standmixer zum Einsatz kommen. Mit ihm lassen sich größere Mengen zubereiten, und zum Pürieren von Früchten oder zum Sahne schlagen ist er zwingend nötig.

1 Das Unterteil eines zwei- oder dreiteiligen Metallshakers oder den Glasteil des Boston-Shakers füllt man etwa zur Hälfte mit Eiswürfeln. Dazu gießt man dann, beginnend mit den kleineren Mengen der jeweiligen Rezeptur – mit oder ohne Hilfe des Messglases – die angegebenen Zutaten. Kohlensäurehaltige Getränke werden niemals mitgeschüttelt, da die Kohlensäure sonst verloren geht.

2 Dann wird der geschlossene Shaker in waagerechter Haltung in Schulterhöhe kräftig vom Körper weg und wieder zum Körper hin geschüttelt. Dies ist der längste Kühlweg mit der größten Wirkung. Wird kräftig geschüttelt, dann sind meist zehn Sekunden ausreichend. Die Dauer richtet sich jedoch auch nach der Festigkeit der Eiswürfel und der Inhaltsmenge, d.h., volle Shaker schüttelt man länger.

3 Anschließend wird der Shaker abgesetzt. Dies geschieht bei allen Shakermodellen mit dem größeren Teil nach unten. Das Oberteil wird vorsichtig abgenommen, und durch das daraufgelegte Barsieb wird das Getränk in das Trinkglas abgegossen, in das zuvor frische Eiswürfel gegeben wurden. Dies kann bei den dreiteiligen Shakern auch durch das im Mittelteil des Geräts eingebaute Sieb geschehen.

Der wichtigste Faktor bei allen Zubereitungsarten ist das Eis. Und hier gibt es erhebliche Unterschiede. Während Profimixer nämlich meist auf Eiswürfel aus einem Eiswürfelbereiter zurückgreifen können, ist man im Haushalt in der Regel auf die Eiswürfel aus der Tiefkühltruhe oder dem Tiefkühlfach des Kühlschranks angewiesen. Diese sind jedoch leider spürbar anders. Eiswürfel aus einem Eiswürfelbereiter weisen einen Kältegrad um die 0 °C auf. Das bedeutet, dass sie weder auftauen, noch zusammenfrieren können. Mit diesem Kältegrad lösen sie sich beim Mixen durch die Zugabe der nicht so kalten Zutaten

fast augenblicklich und ganz leicht auf, und sie kühlen durch ihre Kälte und ihr Schmelzwasser beim fachgerechten Schütteln jeden Drink optimal.

Anders ist es bei den Eiswürfeln aus der Tiefkühltruhe. Diese haben meist eine Temperatur um die -15 °C und verhalten sich beim Mixen natürlich nicht so, wie die »weicheren« Eiswürfel aus dem Eiswürfelbereiter. Eiswürfel aus der Tiefkühltruhe sollten deshalb stets einige Zeit vor dem Gebrauch aus dem Gefriergerät genommen werden und für eine Weile z. B. in einer großen Schale außerhalb des Kühlschranks stehen. Sie schmelzen erst nach langer Zeit, verlieren aber inzwischen an Kälte und lassen sich dann besser verarbeiten. Will man »Crushed Ice« (zerschlagenes Eis) verwenden, dann sollte man am besten die (nicht zu harten) Eiswürfel in ein Leinentuch geben und diese mit einem Holzhammer (Fleischklopfer) zerschlagen. Oft genügt auch das Aufschlagen des Beutels auf einen festen Untergrund wie z. B. einen Fliesenboden.

Das Anrichten direkt im Trinkglas

Für das unmittelbare »Anrichten im Trinkglas« gibt es keine festen Regeln. Die unterschiedlichen Vorgehensweisen sind bei den jeweiligen Rezepten genau beschrieben. Zu der Gruppe der Getränke, die direkt angerichtet werden, gehören – wenn sie auch im weiteren Sinne völlig eigenständig sind – die Bowlen. Hier ist besonders auf die gute Kühlung der Zutaten zu achten, denn Bowlen sollten auf keinen Fall durch Eiswürfel verwässert werden.

④ Der nun so weit fertige Drink wird fast immer mit einigen Früchten garniert. Dabei werden die Früchte entweder auf einem Spieß über den Glasrand gelegt, eingeschnitten an den Glasrand gesteckt oder direkt in den Drink gegeben. Die Frucht kann auch noch mit Zucker bestreut werden. Bei letzterem sollte man einen Stirrer (Rührstab) oder Ähnliches dazugeben, damit die Früchte aufgenommen werden können.

Die Ausstattung Ihrer Hausbar

Die ständig wachsende Beliebtheit der Mixgetränke bewog viele Cocktailliebhaber zur Einrichtung einer Hausbar. Dies stellte sich vor rund zwanzig Jahren meist noch als Problem dar, denn damals wurden die meisten Mixgeräte nur in Silber und entsprechend teuer angeboten. Billige (und in der Regel unbrauchbare) Gerätschaften gab es zwar immer, doch der goldene Mittelweg wurde erst relativ spät beschritten. Heute gibt es namhafte Hersteller, die komplette Barsortimente in gediegener metallischer Ausführung zu vertretbaren Preisen auch dem Privatkunden anbieten. Auch hier verringerte wahrscheinlich die größere verkaufte Menge die Preise. Wie dem auch sei, heutzutage ist die Ausstattung mit Bargeräten aus besten Materialien durchaus erschwinglich. Das Herzstück jeder Barausstattung ist der Shaker und das dazugehörende Barsieb. Wenn sich ein Standmixer bereits im Haushalt befindet, dann sind die wichtigsten Geräte vorhanden. Natürlich fehlen dann vom Barlöffel bis zum Eiseimer noch viele Hilfsmittel, aber bis zu ihrer Anschaffung kann man sich meist mit den im Haushalt bereits vorhandenen Geräten behelfen.

Die wichtigsten Gerätschaften

Barglas Ein dickwandiges, hohes Glas mit Ausgießschnabel. In diesem rührt man mit Eiswürfeln die klaren, alkoholischen Cocktails. Beim Mixen von Drinks ohne Alkohol wird es nicht benötigt.

Barlöffel Ein etwa 25 Zentimeter langer Löffel mit kleiner Schale. Er dient zum Vermischen im Barglas und wird auch sonst vielfach benötigt. Mit ihm nimmt man Cocktailkirschen aus dem Glas oder rührt Drinks nach dem Auffüllen mit kohlensäurehaltigen Getränken um.

Barmesser Ein mittelgroßes Sägemesser mit zwei Spitzen zum Schneiden von Früchten und zum Aufspießen von Fruchtstücken.

Barsieb Das Barsieb besteht aus einer Metallplatte mit Griff und Spiralsieb. Es dient zum Zurückhalten der Eisstücke beim Abgießen aus dem Shaker.

Blender Ein elektrisches Profimixgerät mit einem nach unten gerichteten Metallstab mit Quirl. Mit diesem vermischt man die Zutaten in einem von unten eingehängten Metallbecher.

Cocktailspieße Kleine Spieße aus Holz oder Kunststoff zum Aufspießen von Früchten.

Eiseimer Meist ein isoliertes Gefäß aus Metall oder Kunststoff, in dem man Eiswürfel aufbewahrt.

Eiszange und Eisschaufel Zum Aufnehmen von Eiswürfeln oder Crushed Ice.

Gläser Beim Mixen von alkoholfreien Drinks muss das Glassortiment nicht so umfangreich sein wie beim Mixen mit Alkohol. Hauptsächlich Gläser mit großem Fassungsvermögen werden benötigt, gelegentlich auch Schalen und Tumbler. Formschöne Gläser sind immer die richtige Wahl, das Kriterium Bruchsicherheit sollte jedoch bedacht werden.

Holzstößel Zum Ausdrücken von Limetten oder Minze im Glas.

Messglas Zum Abmessen der Flüssigkeiten.

Muskatreibe Am besten eignen sich Reiben mit einem Hohlraum zum Aufbewahren der Nüsse.

Schneidebrett Es ist unerlässlich als Unterlage beim Schneiden von Früchten.

Sektflaschenverschluss Mit diesem verschließt man angebrochene Sektflaschen und verhindert damit den Verlust der Kohlensäure.

Shaker Hier werden drei bewährte Modelle angeboten: der zweiteilige Shaker aus Edelstahl oder Silber, der dreiteilige Shaker aus Edelstahl mit im Mittelteil eingebautem Sieb und der Boston-Shaker, der aus einem kleineren Glasteil (zum Füllen) und einem größeren Metallteil (zum Überstülpen) besteht. Beim zweiteiligen und dem Boston-Shaker benötigt man immer zusätzlich das Barsieb.

Standmixer Mit dem auf Seite 6 beschriebenen Elektromixer lassen sich größere Mengen gut vermischen sowie Sahne schlagen und Früchte pürieren.

Stirrer Lange Kunststoffstäbe zum Umrühren im Longdrinkglas und zum Aufspießen von Früchten.

Trinkhalme Sie sollten in verschiedenen Längen und Farben vorrätig sein.

Früchte-garnituren

Früchte als Zugabe zu Mixgetränken tragen viel zur ansehnlichen Präsentation bei. Grundsätzlich sollte man frische, essbare Früchte verwenden und dabei darauf achten, dass diese mit der Geschmacksrichtung der Drinks harmonieren. Die Früchte sollten so geschnitten und am Glas angebracht sein, dass man sie ohne Probleme abnehmen und essen kann. Keinesfalls sollte man die Gläser mit Früchten überladen, und man sollte die Früchte immer erst dann schneiden, wenn sie benötigt werden.

Die wichtigsten Früchte und ihre Verwendung

Ananas Von der großen oder der Babyananas schneidet man etwa einen Zentimeter dicke Scheiben, teilt diese in vier oder auch acht Stücke und entfernt die innere harte Spitze und eventuell auch die Außenhaut. Dann schneidet man sie ein und steckt sie an die Glasränder.

Cocktailkirschen Bei klaren Drinks gibt man Cocktailkirschen gern direkt in das Glas; dann gibt man aber einen langen Spieß dazu, um die Kirschen herauszuholen. Cocktailkirschen werden auch gern an Ananasstücke, Orangen- oder Kiwischeiben gesteckt und bei Fruchtspießen verwendet.

Bananen Bananenscheiben eignen sich für Fruchtspieße. Man sollte sie kurz in Zitronensaft geben, um ein Verfärben zu verhindern.

Erdbeeren, Karambole und Kiwi Diese Früchte sind hervorragend zum Anstecken an den Glasrand und für Fruchtspieße geeignet.

Orangen, Zitronen und Limetten Zitrusfrüchte eignen sich zum Anstecken an den Glasrand, in halben und ganzen Scheiben und in Verbindung mit Cocktailkirschen.

Pfirsich, Aprikose, Melone, Mango und Papaya Sie eignen sich in Stücken zum Anstecken an den Glasrand.

Physalis (Kap-Stachelbeere), Kumquat (Zwergorange), Weintrauben und frische Kirschen Zum Anstecken an größere Fruchtstücke und für Fruchtspieße.

Mandarine Mandarinenspalten sind eine beliebte Zutat zum den Fruchtspieß.

Beispiele für Fruchtgarnituren

1 Ananasstück mit Kiwischeibe und Physalis
2 Zitronen- und Orangenschalenspirale
3 Karambole mit Erdbeere
4 Erdbeere mit Minze
5 Gemischter Fruchtspieß
6 Fruchtspieß mit Cocktailkirschen, Trauben und Bananenscheiben
7 Gedrehte Orangenscheibe mit Cocktailkirschen
8 Zitrusfruchtspieß mit Cocktailkirsche

Coole Vitamin Shakes

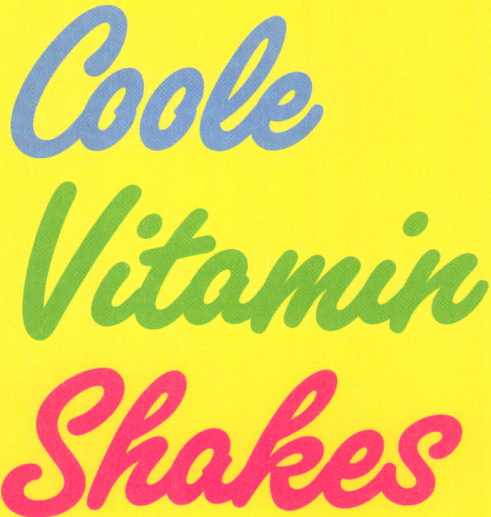

Vitamine in flüssiger Form und mit abwechslungsreichen Möglichkeiten bieten die alkoholfreien Mixdrinks in jeder Geschmacksrichtung und Farbe.

Von mild-aromatisch bis fruchtig-herb reicht die Vielfalt beim Mixen mit Fruchtsäften und Sirupen aus exotischem Obst, und diese vermitteln völlig neue Geschmackserlebnisse.

Fruchtsäfte und Sirupe

Fruchtsäfte und Sirupe sind die meistverwendeten Zutaten beim Mixen alkoholfreier Drinks. Sirupe verwendet man auch für Dessertsaucen, für Süßspeisen, bei der Eiscremeherstellung und in der Konditorei, in der Asia-Küche, zur Konfitürenbereitung und zum Aromatisieren von Kaffee.

Sirupe: eine Erfolgsgeschichte

Noch in den 1970er Jahren war man bei uns auf den damals einzig erhältlichen Sirup – den Grenadine – angewiesen. Auch das Angebot an Fruchtsäften beschränkte sich zu dieser Zeit auf Orangen-, Grapefruit-, Trauben- und Johannisbeersaft. Schon die Suche nach Ananassaft war zu dieser Zeit mühsam und meist nicht erfolgreich. Die Frage, ob das Angebot die Nachfrage schuf oder die Nachfrage die Hersteller zur Produktion ermutigte, ist nicht klar zu beantworten. Tatsache aber ist, dass heutzutage alle interessanten und wohlschmeckenden Früchte als Saft oder Nektar erhältlich sind.

Ebenso verhielt es sich bei den Sirupen. Hier ging die Entwicklung über den Saft als Grundstoff noch hinaus, und auch Sirupe wie Karamel oder Pfefferminz gelten heute schon als Standard. Mitte der 1980er Jahre kam dann mit dem alkoholfreien blauen Curaçao eine neue Farbe und ein neuer Geschmack zum Zuge. Vorläufiger Höhepunkt dieser Entwicklung sind die (alkoholfreien) nach Rum und Gin schmeckenden Sorten sowie der goldgelbe Italiano-Sirup, der den beliebten italienischen Gewürzlikör-Klassikern nachempfunden ist.

Pionier in der deutschen Sirupproduktion und auch der größte Produzent ist die 1835 in München gegründete Likörmanufaktur Riemerschmid, die zu Beginn der 1980er Jahre im großen Umfang die ersten Sirupe aus den damals noch wenig bekannten exotischen Früchten herstellte. Heute umfasst das Sortiment über 25 Sorten aus

allen interessanten Früchten und Aromen. Diese werden in zwei Produktreihen als Frucht- und Barsirupe angeboten. Die Fruchtsirupe bestehen aus reinem Fruchtsaft (-mark) und Zucker und weisen eine dickflüssigere Konsistenz auf. Im Gegensatz dazu sind die Barsirupe leichtflüssiger und ermöglichen dadurch den Profi-Barkeepern ein zügiges Arbeiten. Der geringere Fruchtanteil wird bei den Barsirupen durch eine zusätzliche, natürliche Aromatisierung ausgeglichen.

Unentbehrlich: Fruchtsäfte

Um die Situation auf dem Fruchtsaftmarkt zu verstehen, muss man wissen, dass bei uns in Deutschland erst ab 1958 Orangensaft in Flaschen erhältlich war. Heute ist das kaum mehr vorstellbar, stehen doch in jedem Supermarktregal Säfte und Fruchtnektare in den verschiedensten Sorten.

Das Thema Fruchtsaft verlangt auch Aufklärung über die Unterschiede zwischen Saft und Nektar. Fruchtsäfte müssen zu 100 Prozent Saft enthalten. Doch lassen sich nur wenige Früchte überhaupt zu reinem Saft verarbeiten. Die Mehrzahl der Früchte weisen einen zu hohen Säuregehalt auf oder sind zu dick in ihrer Konsistenz. Sie müssen daher mit Zucker und Wasser trink- und genussfertig gemacht werden. Je nach Fruchtart sind bei den Nektaren 30 bis 50 Prozent Fruchtanteil vorgeschrieben. Es ist also keine Frage der Qualität, sondern eine der Umstände, ob man Saft oder Nektar verwendet.

Eine Ausnahmestellung unter den Fruchtsäften nimmt die Marke Hitchcock ein, deren Säfte die Nummer 1 im Premium-Markt sind. Seit ihrer Einführung auf dem deutschen Markt im Jahre 1968 werden alle Sorten ausschließlich aus 100 Prozent direkt gepresstem Saft – ohne irgendwelche Zusätze – angeboten. Dies setzt die Verwendung von hochwertigen Früchten voraus. Diese Säfte der höchsten Qualitätsstufe gibt es nun in den Sorten Orange, Grapefruit, Ananas, Zitrone, Mandarine und Orangensaft mit Fruchtfleisch sowie als Sunny Breakfast, eine Komposition aus Orange, Pink Grapefruit und Blutorange.

Seit jeher ist der Zitronensaft im Angebot. Ihm wurde vor kurzem der Limettensaft zur Seite gestellt, und beide sind mit ihrer konstanten Qualität bestens zur Bereitung von Mixgetränken geeignet.

Speedy Gonzales

2 cl Blue-Curaçao-Sirup

6 cl Maracujanektar

6 cl Grapefruitsaft

6 cl Bananennektar

Cocktail rechts

Ein Longdrinkglas bereitstellen und einige Eiswürfel hinein-geben. Das Unterteil eines Metallshakers oder den Glasteil eines Boston-Shakers zur Hälfte mit Eiswürfeln füllen und die Zutaten dazugießen.

Den Shaker schließen und kräftig schütteln. Nach dem Mi-xen mit dem größeren Shakerteil nach unten absetzen, öff-nen und darauf das Barsieb legen. Nun den Drink durch das Barsieb in das vorbereitete Glas eingießen.

Eine Karambolescheibe bis zur Mitte einschneiden und an den Glasrand stecken. Daran mit einem Cocktailspieß eine Erdbeere stecken. Zwei Trinkhalme dazugeben.

Swimming Pool

2 cl Blue-Curaçao-Sirup

2 cl Kokossirup

2 cl Sahne

14 cl Ananassaft

Cocktail links

Ein Longdrinkglas bereitstellen und einige Eiswürfel hinein-geben. Das Unterteil eines Metallshakers oder den Glasteil eines Boston-Shakers zur Hälfte mit Eiswürfeln füllen und die Zutaten dazugießen.

Den Shaker schließen und kräftig schütteln. Nach dem Mi-xen mit dem größeren Shakerteil nach unten absetzen, öff-nen und darauf das Barsieb legen. Nun den Drink durch das Barsieb in das vorbereitete Glas eingießen.

Ein Ananasstück etwas einschneiden und an den Glasrand stecken. Daran mit einem Cocktailspieß eine Cocktailkir-sche stecken. Zwei Trinkhalme dazugeben.

Sundowner

2 cl **Blue-Curaçao-Sirup**

3 cl **Kokossirup**

3 cl **Zitronensaft**

4 cl **Orangensaft**

8 cl **Maracujanektar**

Ein Longdrinkglas bereitstellen und einige Eiswürfel hinein-geben. Das Unterteil eines Metallshakers oder den Glasteil eines Boston-Shakers zur Hälfte mit Eiswürfeln füllen und die Zutaten dazugießen.

Den Shaker schließen und kräftig schütteln. Nach dem Mi-xen mit dem größeren Shakerteil nach unten absetzen, öff-nen und darauf das Barsieb legen. Nun den Drink durch das Barsieb in das vorbereitete Glas eingießen.

Eine Orangenscheibe bis zur Mitte einschneiden und an den Glasrand stecken. Daran mit einem Cocktailspieß eine Erdbeere stecken.

Tipp

Die Grundlage für den Blue Curaçao, einen der berühmtesten Li-köre, sind die Schalen einer Bitterorange, der pomeranzenartigen Curaçaofrucht. Sie entwickelte sich auf der holländischen Karibik-insel Curaçao aus den von Spaniern eingeführten Orangen. Das Aroma aus ihren Schalen ist bis heute die Basis des Curaçao, aber auch Bestandteil vieler anderer Liköre.

Der Ur-Curaçao war wasserhell, es gibt ihn heute neben dem blauen aber auch in grün und rot. Er ist der klassische Mixlikör, und der unentbehrliche Blue Curaçao sorgt neben seinem feinen Orangengeschmack auch für die sonst nicht vorhandene blaue Farbe in den Cocktails.

Mitte der 1980er Jahre entwickelte man den Blue-Curaçao-Sirup, der alles hat, was auch den Likör auszeichnet, außer Alkohol. Da-mit spielte erstmals die blaue Farbe (je nach Säuregehalt der Fruchtsäfte manchmal auch grün) bei den alkoholfreien Mixdrinks eine Rolle.

Blue Cherie

2 cl Blue-Curaçao-Sirup

2 cl Vanillesirup

2 cl Sahne

12 cl Ananassaft

Ein Longdrinkglas bereitstellen und einige Eiswürfel hineingeben. Das Unterteil eines Metallshakers oder den Glasteil eines Boston-Shakers zur Hälfte mit Eiswürfeln füllen und die Zutaten dazugießen.

Den Shaker schließen und kräftig schütteln. Nach dem Mixen mit dem größeren Shakerteil nach unten absetzen, öffnen und darauf das Barsieb legen. Nun den Drink durch das Barsieb in das vorbereitete Glas eingießen.

Ein Ananasstück etwas einschneiden und an den Glasrand stecken. Daran mit einem Cocktailspieß eine Cocktailkirsche stecken. Zwei Trinkhalme dazugeben.

Yellow Submarine

2 cl Blue-Curaçao-Sirup

2 cl Barsirup Mandel

8 cl Orangensaft

8 cl Ananassaft

Ein Longdrinkglas bereitstellen und einige Eiswürfel hineingeben. Das Unterteil eines Metallshakers oder den Glasteil eines Boston-Shakers zur Hälfte mit Eiswürfeln füllen und die Zutaten (ohne den Blue-Curaçao-Sirup) dazugießen.

Den Shaker schließen und kräftig schütteln. Nach dem Mixen mit dem größeren Shakerteil nach unten absetzen, öffnen und darauf das Barsieb legen. Nun den Drink durch das Barsieb in das vorbereitete Glas eingießen. Darüber langsam den Blue-Curaçao-Sirup geben.

Einen Cocktailspieß mit Mandarinenspalten und Cocktailkirschen über das Glas legen. Zwei Trinkhalme dazugeben.

Paulchen

2 cl Erdbeersirup

1 cl Limettensirup

4 cl Grapefruitsaft

6 cl Maracujanektar

8 cl Orangensaft

Cocktail rechts

Ein Longdrinkglas bereitstellen und einige Eiswürfel hineingeben. Das Unterteil eines Metallshakers oder den Glasteil eines Boston-Shakers zur Hälfte mit Eiswürfeln füllen und die Zutaten dazugießen.

Den Shaker schließen und kräftig schütteln. Nach dem Mixen mit dem größeren Shakerteil nach unten absetzen, öffnen und darauf das Barsieb legen. Nun den Drink durch das Barsieb in das vorbereitete Glas eingießen.

Eine Orangenscheibe bis zur Mitte einschneiden und an den Glasrand stecken. Daran mit einem Cocktailspieß eine Erdbeere stecken. Zwei Trinkhalme dazugeben.

Princess

1 cl Havana-Sirup

1 cl Erdbeersirup

2 cl Zitronensaft

4 cl Maracujanektar

14 cl Bananennektar

Cocktail links

Ein Longdrinkglas bereitstellen und einige Eiswürfel hineingeben. Das Unterteil eines Metallshakers oder den Glasteil eines Boston-Shakers zur Hälfte mit Eiswürfeln füllen und die Zutaten dazugießen.

Den Shaker schließen und kräftig schütteln. Nach dem Mixen mit dem größeren Shakerteil nach unten absetzen, öffnen und darauf das Barsieb legen. Nun den Drink durch das Barsieb in das vorbereitete Glas eingießen.

Einen Cocktailspieß mit Karambole, Erdbeere und Bananenscheiben über den Glasrand legen. Zwei Trinkhalme dazugeben.

Smooth Secret

2 cl Erdbeersirup

1 cl Mandelsirup

2 cl Sahne

16 cl Maracujanektar

Ein Longdrinkglas bereitstellen und einige Eiswürfel hineingeben. Das Unterteil eines Metallshakers oder den Glasteil eines Boston-Shakers zur Hälfte mit Eiswürfeln füllen und die Zutaten dazugießen.

Den Shaker schließen und kräftig schütteln. Nach dem Mixen mit dem größeren Shakerteil nach unten absetzen, öffnen und darauf das Barsieb legen. Nun den Drink durch das Barsieb in das vorbereitete Glas eingießen.

Eine große Erdbeere einschneiden und an den Glasrand stecken und diese leicht mit Puderzucker bestäuben. Zwei Trinkhalme dazugeben.

Tipp

Unter den vielen Geschichten die sich um den ur-amerikanischen Namen »Cocktail« ranken, ist die wahrscheinlichste, dass er seine Entstehung den Hahnenkämpfen verdankt. Nach beendetem Kampf wurden dem getöteten Hahn die bunten Schwanzfedern ausgerupft und diese beim anschließenden Umtrunk mit dem Toast »on the Cock´s tail« begossen. Diese Bezeichnung bürgerte sich dann ab der Mitte des 19. Jahrhunderts für die gemixten, oft farbenfrohen Drinks ein.

Die ständig wachsende Zahl an neuen Rezepturen bewirkte eine Unterteilung in über dreißig Gruppen, unter denen bis heute nur die meist herben und alkoholstarken Klassiker als die wahren Cocktails gelten.

Mit ganz wenigen Ausnahmen hat sich für sämtliche Mixgetränke die Bezeichnung Cocktail eingebürgert, auch wenn damit eigentlich sehr oft ein Longdrink oder auch ein alkoholfreies Mixgetränk gemeint ist.

Magic Juice

2 cl Erdbeersirup

2 cl Vanillesirup

2 cl Zitronensaft

4 cl Grapefruitsaft

12 cl Ananassaft

Ein Longdrinkglas bereitstellen und einige Eiswürfel hineingeben. Das Unterteil eines Metallshakers oder den Glasteil eines Boston-Shakers zur Hälfte mit Eiswürfeln füllen und die Zutaten dazugießen.

Den Shaker schließen und kräftig schütteln. Nach dem Mixen mit dem größeren Shakerteil nach unten absetzen, öffnen und darauf das Barsieb legen. Nun den Drink durch das Barsieb in das vorbereitete Glas eingießen.

Ein Ananasstück etwas einschneiden und an den Glasrand stecken. Daran mit einem Cocktailspieß eine Erdbeere stecken. Zwei Trinkhalme dazugeben.

Hot Love

2 cl Erdbeersirup

2 cl Vanillesirup

2 cl Sahne

6 cl Orangensaft

6 cl Maracujanektar

Ein Longdrinkglas bereitstellen und einige Eiswürfel hineingeben. Das Unterteil eines Metallshakers oder den Glasteil eines Boston-Shakers zur Hälfte mit Eiswürfeln füllen und die Zutaten dazugießen.

Den Shaker schließen und kräftig schütteln. Nach dem Mixen mit dem größeren Shakerteil nach unten absetzen, öffnen und darauf das Barsieb legen. Nun den Drink durch das Barsieb in das vorbereitete Glas eingießen.

Eine Orangenscheibe bis zur Mitte einschneiden und an den Glasrand stecken. Daran mit einem Cocktailspieß eine Erdbeere stecken. Zwei Trinkhalme dazugeben.

Summer Kiss

2 cl Blutorangensirup
2 cl Cranberrysirup
4 cl Cranberry Juice
4 cl Maracujanektar
8 cl Orangensaft

Cocktail links

Ein Longdrinkglas bereitstellen und einige Eiswürfel hineingeben. Das Unterteil eines Metallshakers oder den Glasteil eines Boston-Shakers zur Hälfte mit Eiswürfeln füllen und die Zutaten dazugießen.

Den Shaker schließen und kräftig schütteln. Nach dem Mixen mit dem größeren Shakerteil nach unten absetzen, öffnen und darauf das Barsieb legen. Nun den Drink durch das Barsieb in das vorbereitete Glas eingießen.

Eine Karambolescheibe bis zur Mitte einschneiden und an den Glasrand stecken. Daran mit einem Cocktailspieß eine Erdbeere stecken. Zwei Trinkhalme dazugeben.

Secret Love

1 cl Cranberrysirup
2 cl Karamelsirup
2 cl Zitronensaft
6 cl Maracujanektar
8 cl Ananassaft

Cocktail rechts

Ein Longdrinkglas bereitstellen und einige Eiswürfel hineingeben. Das Unterteil eines Metallshakers oder den Glasteil eines Boston-Shakers zur Hälfte mit Eiswürfeln füllen und die Zutaten dazugießen.

Den Shaker schließen und kräftig schütteln. Nach dem Mixen mit dem größeren Shakerteil nach unten absetzen, öffnen und darauf das Barsieb legen. Nun den Drink durch das Barsieb in das vorbereitete Glas eingießen.

Ein Ananasstück etwas einschneiden und an den Glasrand stecken. Daran mit einem Cocktailspieß eine Cocktailkirsche stecken. Zwei Trinkhalme dazugeben.

Felicitas

2 cl Erdbeersirup

2 cl Kokossirup

1 cl Zitronensaft

5 cl Apfelsaft

10 cl Orangensaft

Ein Longdrinkglas bereitstellen und einige Eiswürfel hineingeben. Das Unterteil eines Metallshakers oder den Glasteil eines Boston-Shakers zur Hälfte mit Eiswürfeln füllen und die Zutaten dazugießen.

Den Shaker schließen und kräftig schütteln. Nach dem Mixen mit dem größeren Shakerteil nach unten absetzen, öffnen und darauf das Barsieb legen. Nun den Drink durch das Barsieb in das vorbereitete Glas eingießen.

Eine Orangenscheibe bis zur Mitte einschneiden und an den Glasrand stecken. Daran mit einem Cocktailspieß eine Erdbeere stecken. Zwei Trinkhalme dazugeben.

Tipp

Die bekannteste aller Palmfrüchte und eine der wichtigsten Kulturpflanzen in sämtlichen Tropengebieten ist die Kokospalme. In ihren Früchten, den hartschaligen Kokosnüssen, befindet sich eine dicke weiße Schicht, das wertvolle Fruchtfleisch. Aus ihm gewinnt man Kokosbutter, Kokosöl, Kokosmilch, und nicht zuletzt stellt es die Grundlage für den Kokossirup.
Obwohl der Piña Colada, der berühmteste Kokosdrink, in den USA bereits seit langer Zeit unglaublich erfolgreich war, dauerte es bis zur Mitte der 1970er Jahre, bis das erste zu Mixen geeignete Kokosprodukt auch in Deutschland angeboten wurde. Zu Beginn der 1980er Jahre nahm dann das Unternehmen Riemerschmid die Produktion von Kokossirup auf und schuf damit auch die Basis für zahlreiche Mixdrinks ohne Alkohol.
Den Kokossirup von Riemerschmid gibt es als gehaltvolleren Frucht- und als Barsirup, wobei letzterer dünnflüssiger ist und sich zum Mixen besser verwenden lässt.

Cocoloco

2 cl Kokossirup
2 cl Sahne
6 cl Ananassaft
6 cl Orangensaft
6 cl Maracujanektar

Ein Longdrinkglas bereitstellen und einige Eiswürfel hinein-geben. Das Unterteil eines Metallshakers oder den Glasteil eines Boston-Shakers zur Hälfte mit Eiswürfeln füllen und die Zutaten dazugießen.

Den Shaker schließen und kräftig schütteln. Nach dem Mi-xen mit dem größeren Shakerteil nach unten absetzen, öff-nen und darauf das Barsieb liegen. Nun den Drink durch das Barsieb in das vorbereitete Glas eingießen.

Eine Kiwischeibe bis zur Mitte einschneiden und an den Glasrand stecken. Daran mit einem Cocktailspieß eine Phy-salis stecken. Zwei Trinkhalme dazugeben.

Candy Girl

2 cl Kokossirup
1 cl Karamelsirup
3 cl Sahne
12 cl Maracujanektar
2 cl Amarena-Kirsch-Sirup

Ein Longdrinkglas bereitstellen und einige Eiswürfel hinein-geben. Das Unterteil eines Metallshakers oder den Glasteil eines Boston-Shakers zur Hälfte mit Eiswürfeln füllen und die Zutaten (ohne den Amarena-Kirsch-Sirup) dazugießen.

Den Shaker schließen und kräftig schütteln. Nach dem Mi-xen mit dem größeren Shakerteil nach unten absetzen, öff-nen und darauf das Barsieb legen. Nun den Drink durch das Barsieb in das vorbereitete Glas eingießen. Darüber langsam den Amarena-Kirsch-Sirup geben.

Eine Karambolescheibe an den Glasrand stecken. Daran mit einem Cocktailspieß eine Amarena-Kirsche stecken.

Sport Flip

1 Eigelb

1 cl Grenadine

2 cl Sahne

10 cl Orangensaft

Cocktail links

Ein Stielglas bereitstellen. Das Unterteil eines Metallshakers oder den Glasteil eines Boston-Shakers zur Hälfte mit Eiswürfeln füllen und das Eigelb und die weiteren Zutaten dazugeben.

Den Shaker schließen und kräftig schütteln. Nach dem Mixen mit dem größeren Shakerteil nach unten absetzen, öffnen und darauf das Barsieb legen. Nun den Drink durch das Barsieb in das Glas eingießen.

Auf den fertigen Drink etwas fein geriebene Muskatnuss streuen.

African Fever

2 cl Kokossirup

2 cl Erdbeersirup

2 cl Sahne

6 cl Ananassaft

8 cl Bananennektar

Cocktail rechts

Ein Longdrinkglas bereitstellen und einige Eiswürfel hineingeben. Das Unterteil eines Metallshakers oder den Glasteil eines Boston-Shakers zur Hälfte mit Eiswürfeln füllen und die Zutaten dazugießen.

Den Shaker schließen und kräftig schütteln. Nach dem Mixen mit dem größeren Shakerteil nach unten absetzen, öffnen und darauf das Barsieb legen. Nun den Drink durch das Barsieb in das vorbereitete Glas eingießen.

Auf einen Cocktailspieß eine Erdbeere, eine Kiwischeibe und Bananenscheiben stecken und diesen über den Glasrand legen. Zwei Trinkhalme dazugeben.

Fresh Fruits

2 cl Pfefferminzsirup

2 cl Maracujasirup

4 cl Pfirsichnektar

6 cl Orangensaft

6 cl Grapefruitsaft

Ein Longdrinkglas bereitstellen und einige Eiswürfel hinein-geben. Das Unterteil eines Metallshakers oder den Glasteil eines Boston-Shakers zur Hälfte mit Eiswürfeln füllen und die Zutaten dazugießen.

Den Shaker schließen und kräftig schütteln. Nach dem Mixen mit dem größeren Shakerteil nach unten absetzen, öffnen und darauf das Barsieb legen. Nun den Drink durch das Barsieb in das vorbereitete Glas eingießen.

Ein Pfirsichstück bis zur Mitte einschneiden und an den Glasrand stecken. Daran mit einem Cocktailspieß eine Cocktailkirsche stecken und einen Minzezweig dazugeben.

Tipp

Mixdrinks erfreuen sich einer immer größeren Beliebtheit, und auch im häuslichen Bereich wird zunehmend gemixt. Zum Einstieg hält sich der Aufwand an Geräten in Grenzen. Sollte ein Elektromixer vorhanden sein, dann fehlen zum Gelingen nur noch Eiswürfel mit dem richtigen Kältegrad.

Mit dem Kauf eines Sirups in der bevorzugten Geschmacksrichtung, einigen Fruchtsäften und Milch oder Sahne kann man meist schon loslegen. Wenn man unbekannte Sirupe oder Säfte verwenden will, dann sollte man diese aber vorher ungemischt verkosten, um sich vorstellen zu können, wie sie später im Cocktail miteinander harmonieren.

Will man größere Mengen mixen, dann gibt man einfach ein Mehrfaches der gewünschten Rezeptur in eine große Karaffe und verfährt damit wie sonst auch. Dann muss man nicht für jeden Drink zu mehreren Flaschen greifen, sondern gibt die Zutaten aus der Karaffe in den Standmixer oder Shaker.

Mix it Baby

3 cl Kokossirup

2 cl Limettensaft

5 cl Maracujanektar

10 cl Orangensaft

1 Spritzer Vanillesirup

Ein Longdrinkglas bereitstellen und einige Eiswürfel hineingeben. Das Unterteil eines Metallshakers oder den Glasteil eines Boston-Shakers zur Hälfte mit Eiswürfeln füllen und die Zutaten dazugießen.

Den Shaker schließen und kräftig schütteln. Nach dem Mixen mit dem größeren Shakerteil nach unten absetzen, öffnen und darauf das Barsieb legen. Nun den Drink durch das Barsieb in das vorbereitete Glas eingießen.

Eine Orangenscheibe bis zur Mitte einschneiden und an den Glasrand stecken. Daran mit einem Cocktailspieß eine Cocktailkirsche stecken. Zwei Trinkhalme dazugeben.

Amarena Bacio

2 cl Amarena-Kirsch-Sirup

2 cl Kokossirup

2 cl Sahne

1 cl Limettensaft

10 cl Maracujanektar

Ein Longdrinkglas bereitstellen und einige Eiswürfel hineingeben. Das Unterteil eines Metallshakers oder den Glasteil eines Boston-Shakers zur Hälfte mit Eiswürfeln füllen und die Zutaten dazugießen.

Den Shaker schließen und kräftig schütteln. Nach dem Mixen mit dem größeren Shakerteil nach unten absetzen, öffnen und darauf das Barsieb legen. Nun den Drink durch das Barsieb in das vorbereitete Glas eingießen.

Auf einen Cocktailspieß eine Physalis, Mandarinenspalten und Amarenakirschen stecken und diesen über den Glasrand legen. Zwei Trinkhalme dazugeben.

Free Drive

Ein Longdrinkglas bereitstellen und einige Eiswürfel hineingeben. Das Unterteil eines Metallshakers oder den Glasteil eines Boston-Shakers zur Hälfte mit Eiswürfeln füllen und die Zutaten dazugießen.

2 cl Amarena-Kirsch-Sirup

1 cl Kokossirup

1 cl Italiano-Sirup

2 cl Sahne

14 cl Maracujanektar

Cocktail links

Den Shaker schließen und kräftig schütteln. Nach dem Mixen mit dem größeren Shakerteil nach unten absetzen, öffnen und darauf das Barsieb legen. Nun den Drink durch das Barsieb in das vorbereitete Glas eingießen.

Auf einen Cocktailspieß Mandarinenspalten und Amarenakirschen stecken und diesen über den Glasrand legen. Zwei Trinkhalme dazugeben.

Fantastic

Ein Longdrinkglas bereitstellen und einige Eiswürfel hineingeben. Das Unterteil eines Metallshakers oder den Glasteil eines Boston-Shakers zur Hälfte mit Eiswürfeln füllen und die Zutaten dazugießen.

2 cl Mandelsirup

1 cl Maracujasirup

2 cl Limettensaft

4 cl Kirschnektar

8 cl Orangensaft

Cocktail rechts

Den Shaker schließen und kräftig schütteln. Nach dem Mixen mit dem größeren Shakerteil nach unten absetzen, öffnen und darauf das Barsieb legen. Nun den Drink durch das Barsieb in das vorbereitete Glas eingießen.

Eine Orangenscheibe bis zur Mitte einschneiden und an den Glasrand stecken. Daran mit einem Cocktailspieß eine Cocktailkirsche stecken. Zwei Trinkhalme dazugeben.

Pussy Foot

2 cl Grenadine
6 cl Ananassaft
6 cl Orangensaft
6 cl Grapefruitsaft

Ein Longdrinkglas bereitstellen und einige Eiswürfel hineingeben. Das Unterteil eines Metallshakers oder den Glasteil
eines Boston-Shakers zur Hälfte mit Eiswürfeln füllen und
die Zutaten dazugießen.

Den Shaker schließen und kräftig schütteln. Nach dem Mixen mit dem größeren Shakerteil nach unten absetzen, öffnen und darauf das Barsieb legen. Nun den Drink durch
das Barsieb in das vorbereitete Glas eingießen.

Ein Ananasstück etwas einschneiden und an den Glasrand
stecken. Daran mit einem Cocktailspieß eine Cocktailkirsche stecken. Zwei Trinkhalme dazugeben.

Tipp

*Neben den Mangos und Bananen ist die Ananas die Tropenfrucht
mit der größten wirtschaftlichen Bedeutung. Es gibt weit über eintausend Arten, die in rund sechzig Gattungen zusammengefasst
sind. Die Urheimat der Ananas vermutet man in Südamerika, im
Grenzgebiet von Brasilien, Argentinien und Paraguay. Von dort ge-
langte sie in die Karibik und ab dem 16. Jahrhundert nach Spanien
und weiter nach Asien. In den Ananas anbauenden Ländern ist sie
ein großer wirtschaftlicher Faktor, und ob frisch oder als Konserve,
sie ist immer ein köstlicher Genuss. Die Einführung von Ananassaft auf dem deutschen Markt begann Mitte der 1970er Jahre. Mit
ihm, als erstem der exotischen Säfte, ließen sich nun viele der
fruchtigen Karibik-Drinks mixen, und weltberühmte Drinks wie der
Piña Colada kamen durch den gleichzeitigen Import von Kokos-
nussprodukten zu Ehren. Ananassaft wird meist aus Konzentrat
hergestellt. Im Herstellerland wird dem tiefgefrorenen Konzentrat
wieder Wasser zugefügt.*

Exotic-Fruit-Punch

Ein Longdrinkglas bereitstellen und einige Eiswürfel hineingeben. Das Unterteil eines Metallshakers oder den Glasteil
eines Boston-Shakers zur Hälfte mit Eiswürfeln füllen und
die Zutaten dazugießen.

2 cl Grenadine

2 cl Zitronensaft

4 cl Ananassaft

4 cl Orangensaft

4 cl Mangonektar

4 cl Maracujanektar

Den Shaker schließen und kräftig schütteln. Nach dem Mixen mit dem größeren Shakerteil nach unten absetzen, öffnen und darauf das Barsieb legen. Nun den Drink durch
das Barsieb in das vorbereitete Glas eingießen.

Auf einen Cocktailspieß ein Mangostück, eine Erdbeere und
eine Physalis stecken und diesen über den Glasrand legen.
Zwei Trinkhalme dazugeben.

Strawberry Fruit Cup

Ein Longdrinkglas bereitstellen und einige Eiswürfel hineingeben. Das Unterteil eines Metallshakers oder den Glasteil
eines Boston-Shakers zur Hälfte mit Eiswürfeln füllen und
die Zutaten dazugießen.

2 cl Erdbeersirup

2 cl Sahne

6 cl Ananassaft

6 cl Maracujanektar

6 cl Pfirsichnektar

Den Shaker schließen und kräftig schütteln. Nach dem Mixen mit dem größeren Shakerteil nach unten absetzen, öffnen und darauf das Barsieb legen. Nun den Drink durch
das Barsieb in das vorbereitete Glas eingießen.

Eine Erdbeere und ein Stück ungeschälte Ananas einschneiden und dekorativ an den Glasrand stecken. Zwei Trinkhalme dazugeben.

Summer Queen

2 cl Erdbeersirup

1 cl Mangosirup

3 cl Zitronensaft

8 cl Orangensaft

8 cl Ananassaft

Cocktail links

Ein Longdrinkglas bereitstellen und einige Eiswürfel hineingeben. Das Unterteil eines Metallshakers oder den Glasteil eines Boston-Shakers zur Hälfte mit Eiswürfeln füllen und die Zutaten dazugießen.

Den Shaker schließen und kräftig schütteln. Nach dem Mixen mit dem größeren Shakerteil nach unten absetzen, öffnen und darauf das Barsieb legen. Nun den Drink durch das Barsieb in das vorbereitete Glas eingießen.

Ein Mangostück etwas einschneiden und an den Glasrand stecken. Daran mit einem Cocktailspieß eine Erdbeere stecken. Zwei Trinkhalme dazugeben.

Exotic Blossom

2 cl Amarena-Kirsch-Sirup

2 cl Havana-Sirup

2 cl Sahne

8 cl Orangensaft

8 cl Ananassaft

Cocktail rechts

Ein Longdrinkglas bereitstellen und einige Eiswürfel hineingeben. Das Unterteil eines Metallshakers oder den Glasteil eines Boston-Shakers zur Hälfte mit Eiswürfeln füllen und die Zutaten dazugießen.

Den Shaker schließen und kräftig schütteln. Nach dem Mixen mit dem größeren Shakerteil nach unten absetzen, öffnen und darauf das Barsieb legen. Nun den Drink durch das Barsieb in das vorbereitete Glas eingießen.

Ein Ananasstück etwas einschneiden und an den Glasrand stecken. Daran mit einem Cocktailspieß eine Amarenakirsche stecken. Zwei Trinkhalme dazugeben.

Sweet Apple

2 cl Karamelsirup

2 cl Amarena-Kirsch-Sirup

4 cl Sahne

12 cl Apfelsaft

Ein Longdrinkglas bereitstellen und einige Eiswürfel hineingeben. Das Unterteil eines Metallshakers oder den Glasteil eines Boston-Shakers zur Hälfte mit Eiswürfeln füllen und die Zutaten (ohne den Amarena-Kirsch-Sirup) dazugießen.

Den Shaker schließen und kräftig schütteln. Nach dem Mixen mit dem größeren Shakerteil nach unten absetzen, öffnen und darauf das Barsieb legen. Nun den Drink durch das Barsieb in das vorbereitete Glas eingießen. Darüber langsam den Amarena-Kirsch-Sirup geben.

Eine Apfelscheibe einschneiden und an den Glasrand stecken. Daran mit einem Cocktailspieß eine Amarenakirsche stecken. Zwei Trinkhalme dazugeben.

Tipp

Der Null-Promille-Cup, ein bei Profimixern mittlerweile populärer Mix-Wettbewerb um die besten Drinks ohne Alkohol, wurde von der Firma Riemerschmid ins Leben gerufen. Von jungen Barmixern bis hin zu den Barchefs der berühmten Hotels beteiligen sich jährlich immer mehr Profimixer am Wettstreit um die begehrten ersten Plätze.

Viele neue und interessante Rezepturen werden dabei erstmals vorgestellt und auch nach ihrer Kreativität bewertet. Eine Reihe von Drinks aus diesem Wettbewerb wurde auch in dieses Buch aufgenommen.

Wettbewerbe dieser Art waren bis Anfang der 1980er Jahre nicht denkbar, denn damals war das Sirupangebot auf den Grenadine beschränkt. Erst die Firma Riemerschmid brachte mit ihrem heute über 25 Sorten umfassenden Angebot an Sirupen den Geschmack und die Farbe, die man zur Entwicklung der neuartigen alkoholfreien Mixdrinks brauchte.

Tropical Blossom

2 cl Guavesirup
3 cl Amarena-Kirsch-Sirup
2 cl Limettensaft
6 cl Grapefruitsaft
10 cl Pfirsichnektar

Ein Longdrinkglas bereitstellen und einige Eiswürfel hineingeben. Das Unterteil eines Metallshakers oder den Glasteil eines Boston-Shakers zur Hälfte mit Eiswürfeln füllen und die Zutaten dazugießen.

Den Shaker schließen und kräftig schütteln. Nach dem Mixen mit dem größeren Shakerteil nach unten absetzen, öffnen und darauf das Barsieb legen. Nun den Drink durch das Barsieb in das vorbereitete Glas eingießen.

Ein Pfirsichstück etwas einschneiden und an den Glasrand stecken. Daran mit einem Cocktailspieß eine Amarenakirsche stecken. Zwei Trinkhalme dazugeben.

Tropic Sun

1 cl Erdbeersirup
2 cl Karamelsirup
2 cl Zitronensaft
8 cl Maracujanektar
8 cl Grapefruitsaft

Ein Longdrinkglas bereitstellen und einige Eiswürfel hineingeben. Das Unterteil eines Metallshakers oder den Glasteil eines Boston-Shakers zur Hälfte mit Eiswürfeln füllen und die Zutaten dazugießen.

Den Shaker schließen und kräftig schütteln. Nach dem Mixen mit dem größeren Shakerteil nach unten absetzen, öffnen und darauf das Barsieb legen. Nun den Drink durch das Barsieb in das vorbereitete Glas eingießen.

Auf einen Cocktailspieß eine Kiwischeibe, eine Erdbeere und eine Physalis stecken und diesen über den Glasrand legen. Zwei Trinkhalme dazugeben.

Passion Kiss

1 cl Erdbeersirup

2 cl Mangosirup

2 cl Zitronensaft

6 cl Pfirsichnektar

8 cl Maracujanektar

Cocktail links

Ein Longdrinkglas bereitstellen und einige Eiswürfel hineingeben. Das Unterteil eines Metallshakers oder den Glasteil eines Boston-Shakers zur Hälfte mit Eiswürfeln füllen und die Zutaten dazugießen.

Den Shaker schließen und kräftig schütteln. Nach dem Mixen mit dem größeren Shakerteil nach unten absetzen, öffnen und darauf das Barsieb legen. Nun den Drink durch das Barsieb in das vorbereitete Glas eingießen.

Ein Mangostück etwas einschneiden und an den Glasrand stecken. Daran mit einem Cocktailspieß eine Erdbeere stecken. Zwei Trinkhalme dazugeben.

Kolibri

1 cl Kokossirup

3 cl Cranberrysirup

4 cl Grapefruitsaft

4 cl Bananennektar

8 cl Maracujanektar

Cocktail rechts

Ein Longdrinkglas bereitstellen und einige Eiswürfel hineingeben. Das Unterteil eines Metallshakers oder den Glasteil eines Boston-Shakers zur Hälfte mit Eiswürfeln füllen und die Zutaten dazugießen.

Den Shaker schließen und kräftig schütteln. Nach dem Mixen mit dem größeren Shakerteil nach unten absetzen, öffnen und darauf das Barsieb legen. Nun den Drink durch das Barsieb in das vorbereitete Glas eingießen.

Ein Ananasstück etwas einschneiden und an den Glasrand stecken. Daran mit einem Cocktailspieß eine Cocktailkirsche stecken. Zwei Trinkhalme dazugeben.

Louisa

2 cl Erdbeersirup

3 cl Maracujasirup

2 cl Zitronensaft

8 cl Pfirsichnektar

8 cl Ananassaft

Ein Longdrinkglas bereitstellen und einige Eiswürfel hineingeben. Das Unterteil eines Metallshakers oder den Glasteil eines Boston-Shakers zur Hälfte mit Eiswürfeln füllen und die Zutaten dazugießen.

Den Shaker schließen und kräftig schütteln. Nach dem Mixen mit dem größeren Shakerteil nach unten absetzen, öffnen und darauf das Barsieb legen. Nun den Drink durch das Barsieb in das vorbereitete Glas eingießen.

Eine Karambolescheibe etwas einschneiden und an den Glasrand stecken. Daran mit einem Cocktailspieß eine Cocktailkirsche stecken und einen Minzezweig und zwei Trinkhalme dazugeben.

Sirupe braucht der Mixer wie der Konditor den Zucker. Die gesamte Süße beim Mixen alkoholfreier Drinks stammt vom Sirup und nur zum geringen Teil von Fruchtsäften oder Limonaden. Da man, anders als beim Mixen mit Alkohol, auf süße Liköre verzichten muss, gibt es keine andere Möglichkeit (außer Zucker) zur Abrundung des Geschmacks und zum Süßen. Wie schon beschrieben (→Seite 14/15), werden Sirupe nicht nur für Mixgetränke verwendet. Dies bewog den Sirupproduzenten Riemerschmid, seine Sirupe in zwei Produktlinien, als Frucht- und als Barsirup anzubieten. Die Fruchtsirupe sind durch ihren hohen Frucht- und Fruchtmarkgehalt zum Teil relativ dickflüssig, dadurch aber auch sehr intensiv im Geschmack. Die Barsirupe dagegen sind leichtflüssiger; sie wurden entwickelt, um den Profimixern ein zügiges Arbeiten zu ermöglichen. Der im Vergleich geringere Fruchtanteil wird bei den Barsirupen durch eine zusätzliche, natürliche Aromatisierung ausgeglichen.

Top Fruits

Ein Longdrinkglas bereitstellen und einige Eiswürfel hineingeben. Das Unterteil eines Metallshakers oder den Glasteil eines Boston-Shakers zur Hälfte mit Eiswürfeln füllen und die Zutaten dazugießen.

1 cl Mandelsirup

2 cl Cranberrysirup

1 cl Limettensaft

8 cl Maracujanektar

8 cl Sunny Breakfast Saft

Den Shaker schließen und kräftig schütteln. Nach dem Mixen mit dem größeren Shakerteil nach unten absetzen, öffnen und darauf das Barsieb legen. Nun den Drink durch das Barsieb in das vorbereitete Glas eingießen.

Eine Karambolescheibe etwas einschneiden und an den Glasrand stecken. Daran mit einem Cocktailspieß eine Cocktailkirsche stecken und einen Minzezweig und zwei Trinkhalme dazugeben.

Red Heat

Ein Longdrinkglas bereitstellen und einige Eiswürfel hineingeben. Das Unterteil eines Metallshakers oder den Glasteil eines Boston-Shakers zur Hälfte mit Eiswürfeln füllen und die Zutaten dazugießen.

2 cl Erdbeersirup

2 cl Maracujasirup

1 cl Zitronensaft

8 cl Cranberry Juice

8 cl Orangensaft

Den Shaker schließen und kräftig schütteln. Nach dem Mixen mit dem größeren Shakerteil nach unten absetzen, öffnen und darauf das Barsieb legen. Nun den Drink durch das Barsieb in das vorbereitete Glas eingießen.

Eine Orangenscheibe etwas einschneiden und an den Glasrand stecken. Daran mit einem Cocktailspieß eine Erdbeere stecken.

Alice

2 cl Grenadine

2 cl Sahne

8 cl Orangensaft

8 cl Ananassaft

Cocktail links

Ein Longdrinkglas bereitstellen und einige Eiswürfel hineingeben. Das Unterteil eines Metallshakers oder den Glasteil eines Boston-Shakers zur Hälfte mit Eiswürfeln füllen und die Zutaten dazugießen.

Den Shaker schließen und kräftig schütteln. Nach dem Mixen mit dem größeren Shakerteil nach unten absetzen, öffnen und darauf das Barsieb legen. Nun den Drink durch das Barsieb in das vorbereitete Glas eingießen.

Eine Orangenscheibe etwas einschneiden und an den Glasrand stecken. Daran mit einem Cocktailspieß eine Cocktailkirsche stecken. Zwei Trinkhalme dazugeben.

Cinderella

1 cl Grenadine

2 cl Kokossirup

2 cl Sahne

8 cl Orangensaft

8 cl Ananassaft

Cocktail rechts

Ein Longdrinkglas bereitstellen und einige Eiswürfel hineingeben. Das Unterteil eines Metallshakers oder den Glasteil eines Boston-Shakers zur Hälfte mit Eiswürfeln füllen und die Zutaten dazugießen.

Den Shaker schließen und kräftig schütteln. Nach dem Mixen mit dem größeren Shakerteil nach unten absetzen, öffnen und darauf das Barsieb legen. Nun den Drink durch das Barsieb in das vorbereitete Glas eingießen.

Auf einen Cocktailspieß Bananenscheiben und Cocktailkirschen stecken und diesen über den Glasrand legen. Zwei Trinkhalme dazugeben.

Blue Spirit

1 cl **Blue-Curaçao-Sirup**

2 cl **Kokossirup**

2 cl **Sahne**

6 cl **Bananennektar**

10 cl **Orangensaft**

Ein Longdrinkglas mit der Öffnung nach unten in einem leicht eingeschnittenen Zitronenviertel drehen und dann in eine Schale mit Kokosraspeln tupfen. Eiswürfel hineingeben.

Das Unterteil eines Metallshakers oder den Glasteil eines Boston-Shakers zur Hälfte mit Eiswürfeln füllen und die Zutaten dazugießen. Den Shaker schließen und kräftig schütteln. Nach dem Mixen mit dem größeren Shakerteil nach unten absetzen, öffnen und darauf das Barsieb legen. Nun den Drink durch das Barsieb eingießen.

Eine Orangenscheibe etwas einschneiden und an den Glas- rand stecken. Daran mit einem Cocktailspieß eine Cocktail- kirsche stecken. Zwei Trinkhalme dazugeben.

Außerordentlich beliebt und besonders bei den alkoholfreien Mixgetränken passend sind verzierte Glasränder. Dazu eignen sich zum Beispiel Streuzucker, Kokosraspeln, Kakao- und Kaffee- pulver. Der Geschmack der Verzierung sollte mit dem Drink harmonisieren.

Relativ neutral ist der Zuckerrand. Um ihn herzustellen, schnei- det man das Fruchtfleisch eines Zitronenviertels leicht ein und dreht darin mit der Öffnung nach unten den Glasrand. Dann tupft man den Glasrand in eine Schale mit Zucker. Auch bun- ten Zucker kann man dazu verwenden. Man kann natürlich den Glasrand auch in einer Schale mit Zitronensaft befeuchten. Auf die gleiche Weise verfährt man auch mit Kakao, Kaffee und Ko- kosraspeln.

Für bunte Zuckerränder taucht man den Glasrand in eine Scha- le mit einem Sirup der gewünschten Farbe und tupft dann in den Zucker.

Frozen Strawberry Daiquiri

4 cl Havana-Sirup

1 cl Erdbeersirup

3 cl Zitronensaft

2 EL frisches Erdbeermus

Eine Cocktailschale mit der Öffnung nach unten in einem leicht eingeschnittenen Zitronenviertel drehen und dann in eine Schale mit Zucker tupfen. Das so vorbereitete Glas mit Zuckerrand bereitstellen.

Die Zutaten mit etwas Crushed Ice in einen Standmixer geben, mixen, bis das Eis halbwegs aufgelöst und die Mischung sämig ist. Dann den Drink in das vorbereitete Glas eingießen.

Eine Erdbeere bis zur Mitte einschneiden und an den Glasrand stecken. Mit zwei kurzen, dicken Trinkhalmen servieren.

Strawberry Dream

1 cl Erdbeersirup

2 cl Kokossirup

2 cl Sahne

15 cl Ananassaft

2 EL frisches Erdbeermus

Ein Longdrinkglas mit der Öffnung nach unten in einem leicht eingeschnittenen Zitronenviertel drehen und in eine Schale mit Kokosraspeln tupfen. Dann einige Eiswürfel in das Glas geben.

Die Zutaten mit einigen Eiswürfeln in einen Standmixer geben und gut durchmixen. Dann den Drink in das vorbereitete Glas abgießen.

Eine Erdbeere und ein Stück Ananas bis zur Mitte einschneiden und an den Glasrand stecken.

Mit zwei Trinkhalmen servieren.

Cherry Colada

1 cl Amarena-Kirsch-Sirup

2 cl Kokossirup

1 cl Zitronensaft

8 cl Kirschnektar

8 cl Ananassaft

Cocktail links

Ein Longdrinkglas bereitstellen und einige Eiswürfel hineingeben. Das Unterteil eines Metallshakers oder den Glasteil eines Boston-Shakers zur Hälfte mit Eiswürfeln füllen und die Zutaten dazugießen.

Den Shaker schließen und kräftig schütteln. Nach dem Mixen mit dem größeren Shakerteil nach unten absetzen, öffnen und darauf das Barsieb legen. Nun den Drink durch das Barsieb in das vorbereitete Glas eingießen.

Ein Ananasstück etwas einschneiden und an den Glasrand stecken. Daran mit einem Cocktailspieß eine Amarenakirsche stecken. Zwei Trinkhalme dazugeben.

Moonlight Dream

2 cl Erdbeersirup

2 cl Bananensirup

2 cl Zitronensaft

10 cl Bananennektar

Cocktail rechts

Ein Longdrinkglas bereitstellen und einige Eiswürfel hineingeben. Das Unterteil eines Metallshakers oder den Glasteil eines Boston-Shakers zur Hälfte mit Eiswürfeln füllen und die Zutaten dazugießen.

Den Shaker schließen und kräftig schütteln. Nach dem Mixen mit dem größeren Shakerteil nach unten absetzen, öffnen und darauf das Barsieb legen. Nun den Drink durch das Barsieb in das vorbereitete Glas eingießen.

Auf einen Cocktailspieß Bananenscheiben und Erdbeeren stecken und diesen über den Glasrand legen. Zwei Trinkhalme dazugeben.

Caramelito

2 cl Karamelsirup

2 cl Grenadine

2 cl Limettensaft

4 cl Apfelsaft

4 cl Kirschnektar

8 cl Birnennektar

Ein Longdrinkglas bereitstellen und einige Eiswürfel hinein-geben. Das Unterteil eines Metallshakers oder den Glasteil eines Boston-Shakers zur Hälfte mit Eiswürfeln füllen und die Zutaten dazugießen.

Den Shaker schließen und kräftig schütteln. Nach dem Mi-xen mit dem größeren Shakerteil nach unten absetzen, öff-nen und darauf das Barsieb legen. Nun den Drink durch das Barsieb in das vorbereitete Glas eingießen.

Ein Birnenstück einschneiden und an den Glasrand ste-cken. Daran mit einem Cocktailspieß eine Cocktailkirsche stecken. Zwei Trinkhalme dazugeben.

Tipp

Die Limette – fälschlicherweise oft Limone genannt – ist die »Zi-trone« der Tropen. Sie ist eine echte Tropenpflanze, und von allen Zitrusfrüchten liebt sie die Kälte am wenigsten. Ursprünglich im malaiischen Archipel beheimatet, wird sie heute in ganz Südost-asien kultiviert und auch in Mexiko, Florida, Brasilien und Südafri-ka angebaut. Es gibt sie in vielen Sorten, und alle sind sehr saftig und aromatisch.

Inzwischen hat die Limette auch bei uns ihre begeisterte Abneh-mer gefunden. Dank der unterschiedlichen Erntezeiten in den ver-schiedenen Herkunftsländern ist sie auch in unseren Breiten ganz-jährig erhältlich.

Der herbe, frische Limettensaft ist Teil vieler Mixrezepte. Als Sirup bringt er beim Mixen seine Süße und gleichzeitig den Geschmack der Limette ein. Der Hersteller Riemerschmid bietet auch Limet-tensirup als gehaltvollen Fruchtsirup und als leichtflüssigeren Bar-sirup an.

Swinging Cat

2 cl Limettensirup

3 cl Amarena-Kirsch-Sirup

5 cl Ananassaft

5 cl Orangensaft

8 cl Maracujanektar

Ein Longdrinkglas bereitstellen und einige Eiswürfel hineingeben. Das Unterteil eines Metallshakers oder den Glasteil eines Boston-Shakers zur Hälfte mit Eiswürfeln füllen und die Zutaten dazugießen.

Den Shaker schließen und kräftig schütteln. Nach dem Mixen mit dem größeren Shakerteil nach unten absetzen, öffnen und darauf das Barsieb legen. Nun den Drink durch das Barsieb in das vorbereitete Glas eingießen.

Ein Ananasstück etwas einschneiden und an den Glasrand stecken. Daran mit einem Cocktailspieß eine Amarenakirsche stecken. Zwei Trinkhalme dazugeben.

Love Parade

1 cl Limettensirup

1,5 cl Erdbeersirup

1,5 cl Maracujasirup

8 cl Orangensaft

8 cl Grapefruitsaft

Ein Longdrinkglas bereitstellen und einige Eiswürfel hineingeben. Das Unterteil eines Metallshakers oder den Glasteil eines Boston-Shakers zur Hälfte mit Eiswürfeln füllen und die Zutaten dazugießen.

Den Shaker schließen und kräftig schütteln. Nach dem Mixen mit dem größeren Shakerteil nach unten absetzen, öffnen und darauf das Barsieb legen. Nun den Drink durch das Barsieb in das vorbereitete Glas eingießen.

Eine Karambolescheibe etwas einschneiden und an den Glasrand stecken. Daran mit einem Cocktailspieß eine Erdbeere stecken. Zwei Trinkhalme dazugeben.

Tropical Sunshine

Ein Longdrinkglas bereitstellen und einige Eiswürfel hineingeben. Das Unterteil eines Metallshakers oder den Glasteil
eines Boston-Shakers zur Hälfte mit Eiswürfeln füllen und
die Zutaten dazugießen.

2 cl Erdbeersirup

2 cl Vanillesirup

2 cl Sahne

6 cl Pfirsichnektar

10 cl Ananassaft

Cocktail links

Den Shaker schließen und kräftig schütteln. Nach dem Mixen mit dem größeren Shakerteil nach unten absetzen, öffnen und darauf das Barsieb legen. Nun den Drink durch
das Barsieb in das vorbereitete Glas eingießen.

Ein Pfirsichstück etwas einschneiden und an den Glasrand
stecken. Daran mit einem Cocktailspieß eine Erdbeere stecken. Zwei Trinkhalme dazugeben.

Why Not

Ein Longdrinkglas bereitstellen und einige Eiswürfel hineingeben. Das Unterteil eines Metallshakers oder den Glasteil
eines Boston-Shakers zur Hälfte mit Eiswürfeln füllen und
die Zutaten dazugießen.

2 cl Cranberrysirup

2 cl Vanillesirup

3 cl Zitronensaft

6 cl Maracujanektar

8 cl Ananassaft

Cocktail rechts

Den Shaker schließen und kräftig schütteln. Nach dem Mixen mit dem größeren Shakerteil nach unten absetzen, öffnen und darauf das Barsieb legen. Nun den Drink durch
das Barsieb in das vorbereitete Glas eingießen.

Ein Ananasstück etwas einschneiden und an den Glasrand
stecken. Daran mit einem Cocktailspieß eine Cocktailkirsche stecken. Zwei Trinkhalme dazugeben.

Sunny Cup

2 cl Mandarinensirup

2 cl Guavensirup

1 cl Zitronensaft

6 cl Ananassaft

8 cl Sunny Breakfast Saft

Ein Longdrinkglas bereitstellen und einige Eiswürfel hineingeben. Das Unterteil eines Metallshakers oder den Glasteil eines Boston-Shakers zur Hälfte mit Eiswürfeln füllen und die Zutaten dazugießen.

Den Shaker schließen und kräftig schütteln. Nach dem Mixen mit dem größeren Shakerteil nach unten absetzen, öffnen und darauf das Barsieb legen. Nun den Drink durch das Barsieb in das vorbereitete Glas eingießen.

Auf einen Cocktailspieß Bananenscheiben und Erdbeeren stecken und diesen über den Glasrand legen. Zwei Trinkhalme dazugeben.

Tipp

Die Zitrusgruppe der Mandarinen ist durch unzählige Kreuzungen in ihrer Sortenvielfalt fast unüberschaubar geworden. Alle gingen aus den Ursorten Satsuma, der Tangerine und der gewöhnlichen Mandarine hervor, deren Name sich als Sammelbegriff für alle Varietäten und Kreuzungen eingebürgert hat. Sie unterscheiden sich von den bei den Zitrusfrüchten dominierenden Orangen durch ihre Form und Größe, die leicht lösbare Schale, ihre Süße und das fruchttypische Aroma.
Mandarinen schmecken mild und säuerlich. Sie sind als frische Frucht, vor allem während der Wintermonate, und als Konservenware sehr beliebt.
Eine Novität unter den Fruchtsäften ist der von Hitchcock im Jahre 2001 eingeführte Mandarinensaft. Er besteht zu 100 Prozent aus direkt gepresstem Saft aus Florida-Mandarinen. Mit dieser bisher bei uns nicht erhältlichen Qualität vervielfachen sich auch die Möglichkeiten zum Mixen fruchtiger Drinks ohne Alkohol.

Sweet and Fine

2 cl Mandarinensirup

2 cl Havana-Sirup

1 cl Limettensaft

15 cl Sunny Breakfast Saft

Ein Longdrinkglas bereitstellen und einige Eiswürfel hineingeben. Das Unterteil eines Metallshakers oder den Glasteil eines Boston-Shakers zur Hälfte mit Eiswürfeln füllen und die Zutaten dazugießen.

Den Shaker schließen und kräftig schütteln. Nach dem Mixen mit dem größeren Shakerteil nach unten absetzen, öffnen und darauf das Barsieb legen. Nun den Drink durch das Barsieb in das vorbereitete Glas eingießen.

Auf einen Cocktailspieß Mandarinenspalten und Trauben stecken und diesen über den Glasrand legen. Zwei Trinkhalme dazugeben.

Bird of Paradise

2 cl Erdbeersirup

2 cl Sahne

6 cl Ananassaft

6 cl Maracujanektar

6 cl Mandarinensaft

Ein Longdrinkglas bereitstellen und einige Eiswürfel hineingeben. Das Unterteil eines Metallshakers oder den Glasteil eines Boston-Shakers zur Hälfte mit Eiswürfeln füllen und die Zutaten dazugießen.

Den Shaker schließen und kräftig schütteln. Nach dem Mixen mit dem größeren Shakerteil nach unten absetzen, öffnen und darauf das Barsieb legen. Nun den Drink durch das Barsieb in das vorbereitete Glas eingießen.

Auf einen Cocktailspieß Mandarinenspalten und Erdbeeren stecken und diesen über den Glasrand legen. Zwei Trinkhalme dazugeben.

Red Virgin

3 cl Guavensirup

2 cl Zitronensaft

4 cl Grapefruitsaft

6 cl Orangensaft

6 cl Sauerkirschnektar

Cocktail links

Ein Longdrinkglas bereitstellen und einige Eiswürfel hineingeben. Das Unterteil eines Metallshakers oder den Glasteil eines Boston-Shakers zur Hälfte mit Eiswürfeln füllen und die Zutaten dazugießen.

Den Shaker schließen und kräftig schütteln. Nach dem Mixen mit dem größeren Shakerteil nach unten absetzen, öffnen und darauf das Barsieb legen. Nun den Drink durch das Barsieb in das vorbereitete Glas eingießen.

Eine Orangenscheibe etwas einschneiden und an den Glasrand stecken. Daran mit einem Cocktailspieß eine Cocktailkirsche stecken. Zwei Trinkhalme dazugeben.

Red Piggy

2 cl Kokossirup

4 cl Cranberrysirup

3 cl Zitronensaft

4 cl Ananassaft

8 cl Maracujanektar

Cocktail rechts

Ein Longdrinkglas bereitstellen und einige Eiswürfel hineingeben. Das Unterteil eines Metallshakers oder den Glasteil eines Boston-Shakers zur Hälfte mit Eiswürfeln füllen und die Zutaten dazugießen.

Den Shaker schließen und kräftig schütteln. Nach dem Mixen mit dem größeren Shakerteil nach unten absetzen, öffnen und darauf das Barsieb legen. Nun den Drink durch das Barsieb in das vorbereitete Glas eingießen.

Ein Ananasstück etwas einschneiden und an den Glasrand stecken. Daran mit einem Cocktailspieß eine Physalis stecken. Zwei Trinkhalme dazugeben.

Finest of Mint

3 cl Pfefferminzsirup

2 cl Mandelsirup

2 cl Zitronensaft

6 cl Ananassaft

8 cl Grapefruitsaft

Ein Longdrinkglas bereitstellen und einige Eiswürfel hinein-geben. Das Unterteil eines Metallshakers oder den Glasteil eines Boston-Shakers zur Hälfte mit Eiswürfeln füllen und die Zutaten dazugießen.

Den Shaker schließen und kräftig schütteln. Nach dem Mi-xen mit dem größeren Shakerteil nach unten absetzen, öff-nen und darauf das Barsieb legen. Nun den Drink durch das Barsieb in das vorbereitete Glas eingießen.

Eine halbe Grapefruitscheibe etwas einschneiden und an den Glasrand stecken. Daran mit einem Cocktailspieß eine grüne Cocktailkirsche stecken. Einen Minzezweig und zwei Trinkhalme dazugeben.

Tipp

Mixen ist keine alchimistische Kunst und auch in seiner Gesamt-heit weitaus leichter als etwa das Kochen. Die Zubereitungsarten beschränken sich auf das »Rühren im Mixglas« (nur bei den alko-holischen Drinks), das »Schütteln im Shaker«, die »Zubereitung im Standmixer«, und das direkte »Anrichten im Trinkglas«. Alle Drinks, die Säfte oder andere trübende Zutaten enthalten, werden geschüttelt oder mit dem Standmixer zubereitet, und nur wenige richtet man direkt im Glas an. Wenn man alle zu verwendenden Zutaten in ihrem Grundgeschmack kennt, dann ist die Entwick-lung eines neuen Rezepts keine unlösbare Aufgabe mehr. Begin-nend mit den kleineren Anteilen, also meist Sirup oder Sahne, gießt man mit einem Messglas die Zutaten in den Unterteil des Shakers, notiert das, rührt um und probiert. Erst wenn das Rezept vollständig ist und der Drink schmeckt, gibt man das Eis dazu und schüttelt. Durch die Kühlung und das Schmelzwasser verbessert sich der Drink dabei noch erheblich.

London Mint

2 cl Pfefferminzsirup
2 cl London-Dry-Sirup
2 cl Limettensaft
14 cl Apfelsaft

Ein Longdrinkglas bereitstellen und einige Eiswürfel hineingeben. Das Unterteil eines Metallshakers oder den Glasteil eines Boston-Shakers zur Hälfte mit Eiswürfeln füllen und die Zutaten dazugießen.

Den Shaker schließen und kräftig schütteln. Nach dem Mixen mit dem größeren Shakerteil nach unten absetzen, öffnen und darauf das Barsieb legen. Nun den Drink durch das Barsieb in das vorbereitete Glas eingießen.

Eine Limettenscheibe etwas einschneiden und an den Glasrand stecken. Daran mit einem Cocktailspieß eine grüne Cocktailkirsche stecken. Einen Minzezweig und zwei Trinkhalme dazugeben.

Baby Colada

2 cl Havanas-Sirup
2 cl Sahne
8 cl Ananassaft
8 cl Orangensaft

Ein Longdrinkglas bereitstellen und einige Eiswürfel hineingeben. Das Unterteil eines Metallshakers oder den Glasteil eines Boston-Shakers zur Hälfte mit Eiswürfeln füllen und die Zutaten dazugießen.

Den Shaker schließen und kräftig schütteln. Nach dem Mixen mit dem größeren Shakerteil nach unten absetzen, öffnen und darauf das Barsieb legen. Nun den Drink durch das Barsieb in das vorbereitete Glas eingießen.

Ein Ananasstück etwas einschneiden und an den Glasrand stecken. Daran mit einem Cocktailspieß eine Cocktailkirsche stecken. Zwei Trinkhalme dazugeben.

Planter's Punch

Ein Longdrinkglas bereitstellen und einige Eiswürfel hinein-geben. Das Unterteil eines Metallshakers oder den Glasteil eines Boston-Shakers zur Hälfte mit Eiswürfeln füllen und die Zutaten dazugießen.

1 cl Grenadine

3 cl Havana-Sirup

2 cl Zitronensaft

4 cl Grapefruitsaft

6 cl Ananassaft

6 cl Orangensaft

Cocktail links

Den Shaker schließen und kräftig schütteln. Nach dem Mixen mit dem größeren Shakerteil nach unten absetzen, öffnen und darauf das Barsieb legen. Nun den Drink durch das Barsieb in das vorbereitete Glas eingießen.

Ein Ananasstück etwas einschneiden und an den Rand des vorbereiteten Longdrinkglases stecken. Daran mit einem Cocktailspieß eine Cocktailkirsche stecken. Zwei Trinkhalme dazugeben.

Bora Bora

Ein Longdrinkglas bereitstellen und einige Eiswürfel hinein-geben. Das Unterteil eines Metallshakers oder den Glasteil eines Boston-Shakers zur Hälfte mit Eiswürfeln füllen und die Zutaten dazugießen.

1 cl Grenadine

1 cl Mangosirup

2 cl Italiano-Sirup

8 cl Maracujanektar

10 cl Orangensaft

Cocktail rechts

Den Shaker schließen und kräftig schütteln. Nach dem Mixen mit dem größeren Shakerteil nach unten absetzen, öffnen und darauf das Barsieb legen. Nun den Drink durch das Barsieb in das vorbereitete Glas eingießen.

Eine Orangenscheibe etwas einschneiden und an den Glasrand stecken. Daran mit einem Cocktailspieß eine grüne Cocktailkirsche stecken. Zwei Trinkhalme dazugeben.

Sweet Juniper

2 cl London-Dry-Sirup

1 cl Amarena-Kirsch-Sirup

1 cl Mandelsirup

2 cl Limettensaft

6 cl Orangensaft

6 cl Mandarinensaft

Ein Longdrinkglas bereitstellen und einige Eiswürfel hineingeben. Das Unterteil eines Metallshakers oder den Glasteil eines Boston-Shakers zur Hälfte mit Eiswürfeln füllen und die Zutaten dazugießen.

Den Shaker schließen und kräftig schütteln. Nach dem Mixen mit dem größeren Shakerteil nach unten absetzen, öffnen und darauf das Barsieb legen. Nun den Drink durch das Barsieb in das vorbereitete Glas eingießen.

Eine Limettenscheibe etwas einschneiden und an den Glasrand stecken. Daran mit einem Cocktailspieß eine Amarenakirsche stecken. Zwei Trinkhalme dazugeben.

Tipp

Dass nichts unmöglich ist, zeigt die Entwicklung der Sirupe mit Alkoholgeschmack. Vorläufer dieser neuesten Kreationen war der Anfang der 1980er Jahre entwickelte Blue-Curaçao-Sirup, der damals außer der Farbe auch einen neuen Geschmack und die Anmutung des Likörs einbrachte. Seither wurden viele neue Sirupsorten eingeführt, und die rasante Entwicklung hat nun vorerst mit den nach Alkohol schmeckenden Sorten eine neue Dimension erreicht. Seit dem Jahr 2000 werden nun mit dem Havana ein Rum-, mit dem London Dry ein Gin- und mit dem Italiano ein Gewürzlikör-Sirup angeboten. Mit diesen mixt man täuschend echt nach Alkohol schmeckende Drinks. Der Geschmack des Rum-Sirup lässt sich mit Fruchtsäften hervorragend kombinieren, der Gin-Sirup passt ausgezeichnet zu herben Säften und zu Limonaden wie Bitter Lemon oder Tonic Water. Der Italiano, ein Sirup der dem beliebten Geschmack italienischer Gewürzliköre nachempfunden ist, passt außerdem bestens zu Drinks mit einem Schuss Sahne oder Milch.

Habanero

2 cl Havana-Sirup

2 cl Amarena-Kirsch-Sirup

2 cl Sahne

4 cl Mangonektar

10 cl Maracujanektar

Ein Longdrinkglas bereitstellen und einige Eiswürfel hineingeben. Das Unterteil eines Metallshakers oder den Glasteil eines Boston-Shakers zur Hälfte mit Eiswürfeln füllen und die Zutaten dazugießen.

Den Shaker schließen und kräftig schütteln. Nach dem Mixen mit dem größeren Shakerteil nach unten absetzen, öffnen und darauf das Barsieb legen. Nun den Drink durch das Barsieb in das vorbereitete Glas eingießen.

Auf einen Cocktailspieß ein Mangostück, eine Erdbeere und eine Amarenakirsche stecken und diesen über den Glasrand legen. Zwei Trinkhalme dazugeben.

Cubana

2 cl Havana-Sirup

1 cl Vanillesirup

1 cl Erdbeersirup

4 cl Sahne

12 cl Maracujanektar

Ein Longdrinkglas bereitstellen und einige Eiswürfel hineingeben. Das Unterteil eines Metallshakers oder den Glasteil eines Boston-Shakers zur Hälfte mit Eiswürfeln füllen und die Zutaten (ohne den Erdbeersirup) dazugießen.

Den Shaker schließen und kräftig schütteln. Nach dem Mixen mit dem größeren Shakerteil nach unten absetzen, öffnen und darauf das Barsieb legen. Nun den Drink durch das Barsieb in das vorbereitete Glas eingießen. Darauf langsam den Erdbeersirup geben.

Eine Erdbeere bis zur Mitte einschneiden und an den Glasrand stecken. Mit zwei Trinkhalmen servieren.

Cross Over

2 cl Havana-Sirup

2 cl Vanillesirup

2 cl Mangosirup

3 cl Limettensaft

10 cl Mangonektar

Cocktail links

Ein Longdrinkglas bereitstellen und einige Eiswürfel hineingeben. Das Unterteil eines Metallshakers oder den Glasteil eines Boston-Shakers zur Hälfte mit Eiswürfeln füllen und die Zutaten dazugießen.

Den Shaker schließen und kräftig schütteln. Nach dem Mixen mit dem größeren Shakerteil nach unten absetzen, öffnen und darauf das Barsieb legen. Nun den Drink durch das Barsieb in das vorbereitete Glas eingießen.

Eine Mangostück bis zur Mitte einschneiden und an den Glasrand stecken. Daran mit einem Cocktailspieß eine Cocktailkirsche stecken. Mit zwei Trinkhalmen servieren.

Exotica

1 cl Grenadine

2 cl Mangosirup

4 cl Orangensaft

4 cl Ananassaft

8 cl Maracujanektar

Cocktail rechts

Ein Longdrinkglas bereitstellen und einige Eiswürfel hineingeben. Das Unterteil eines Metallshakers oder den Glasteil eines Boston-Shakers zur Hälfte mit Eiswürfeln füllen und die Zutaten dazugießen.

Den Shaker schließen und kräftig schütteln. Nach dem Mixen mit dem größeren Shakerteil nach unten absetzen, öffnen und darauf das Barsieb legen. Nun den Drink durch das Barsieb in das vorbereitete Glas eingießen.

Eine Mangostück etwas einschneiden und an den Glasrand stecken. Daran mit einem Cocktailspieß eine Erdbeere stecken. Zwei Trinkhalme dazugeben.

Lucky Driver

4 cl Mangosirup
2 cl Grenadine
2 cl Zitronensaft
14 cl Grapefruitsaft

Ein Longdrinkglas bereitstellen und einige Eiswürfel hineingeben. Das Unterteil eines Metallshakers oder den Glasteil eines Boston-Shakers zur Hälfte mit Eiswürfeln füllen und die Zutaten dazugießen.

Den Shaker schließen und kräftig schütteln. Nach dem Mixen mit dem größeren Shakerteil nach unten absetzen, öffnen und darauf das Barsieb legen. Nun den Drink durch das Barsieb in das vorbereitete Glas eingießen.

Eine Mangospalte etwas einschneiden und an den Glasrand stecken. Daran mit einem Cocktailspieß eine Erdbeere stecken. Zwei Trinkhalme dazugeben.

Die Mango ist die ungekrönte Königin der Tropenfrüchte. Sie ist die wichtigste Frucht neben Banane und Ananas und übertrifft mit ihrem köstlichen, exotischen Geschmack alle vergleichbaren Früchte. Mangos weisen den höchsten Vitamin-A-Gehalt aller Obstsorten auf und haben einen mit der Zitrone vergleichbaren Vitamin-C-Reichtum. Sie sind also nicht nur sehr wohlschmeckend, sondern fördern auch noch unsere Gesundheit. Weit über eintausend Mangoarten in unterschiedlichen Größen und Farben sind bekannt. Die Urheimat und das bis heute wichtigste Anbaugebiet ist Indien. Mangos werden heute fast überall in den Tropen und auch in subtropischen Regionen angebaut. Sie sind trotz ihrer nur dreimonatigen Erntezeit ständig verfügbar, da sie weltweit zu unterschiedlichen Erntezeiten reifen. Mit Mangosirup gemixt, erhält jeder Drink eine unglaublich feine Fruchtnote und eine exotische Nuance. Wie auch andere Riemerschmid-Sirupe gibt es ihn in als Frucht- und Barsirup.

Mango Lady

2 cl Mangosirup
1 cl Limettensirup
1 cl Blutorangensirup
2 cl Zitronensaft
14 cl Orangensaft

Ein Longdrinkglas bereitstellen und einige Eiswürfel hineingeben. Das Unterteil eines Metallshakers oder den Glasteil eines Boston-Shakers zur Hälfte mit Eiswürfeln füllen und die Zutaten (ohne den Blutorangensirup) dazugießen.

Den Shaker schließen und kräftig schütteln. Nach dem Mixen mit dem größeren Shakerteil nach unten absetzen, öffnen und darauf das Barsieb legen. Nun den Drink durch das Barsieb in das vorbereitete Glas eingießen. Darüber langsam den Blutorangensirup gießen.

Eine Orangenscheibe bis zur Mitte einschneiden und an den Glasrand stecken. Daran mit einem Cocktailspieß eine Kiwischeibe und eine Cocktailkirsche stecken. Zwei Trinkhalme dazugeben.

Mango Trip

2 cl Mangosirup
2 cl Karamelsirup
2 cl Zitronensaft
8 cl Guavennektar
8 cl Maracujanektar

Ein Longdrinkglas bereitstellen und einige Eiswürfel hineingeben. Das Unterteil eines Metallshakers oder den Glasteil eines Boston-Shakers zur Hälfte mit Eiswürfeln füllen und die Zutaten dazugießen.

Den Shaker schließen und kräftig schütteln. Nach dem Mixen mit dem größeren Shakerteil nach unten absetzen, öffnen und darauf das Barsieb legen. Nun den Drink durch das Barsieb in das vorbereitete Glas eingießen.

Eine Melonenspalte etwas einschneiden und an den Glasrand stecken. Daran mit einem Cocktailspieß eine Cocktailkirsche stecken. Zwei Trinkhalme dazugeben.

Frische Drinks mit Milch

Die Milch, unser erster »Drink« im Leben, bietet nicht nur als weißes Original viel Genuss. Mit Fruchtsäften, Sirupen, Früchten oder Eiscreme gemixt, erhält man erfrischende und schmackhafte Drinks vom Feinsten. Auch mit Milchprodukten lassen sich reizvolle Drinks zubereiten; sie bieten Gesundes und Fitness in besonders köstlicher Form.

Milch und Milchprodukte

»Die Milch macht´s« – ein altbekannter Slogan, dem nichts hinzuzufügen ist. Seit jeher gilt die Milch als das wichtigste Grundnahrungsmittel des Menschen, und nahezu die gesamte Bevölkerung beurteilt die Milch ausgesprochen positiv. Milch enthält reichlich Eiweiß, wertvolles Kalzium für unsere Knochen, die lebenswichtigen Vitamine der B-Gruppe, Vitamin A und D sowie weitere wertvolle Nährstoffe, die wir alle unbedingt brauchen, um gesund und fit unseren Alltag zu bestehen und um Krankheiten und Mangelerscheinungen jederzeit aus dem Weg zu gehen.

Jogurt & Co.

Milch und Milchprodukte wie zum Beispiel Jogurt, Buttermilch oder Quark sind nicht nur in ihrer natürlichen Form ein echter Hochgenuss, mit ihnen als Basis lassen sich auch alkoholfreie Mixdrinks jeder erdenklichen Geschmacksrichtung herstellen. Von einfach zubereiteten Drinks mit Milch und Sirup oder Fruchtsaft, als kühler Milchshake mit Eiscreme, bis hin zum Quark mit frischen, gesunden Gartenkräutern bieten Milch und Milchprodukte viele abwechslungsreiche Möglichkeiten für die Hausbar.

Frisch gemixt mit Milch

Besonders die ständig weiter steigende Vielzahl an neuen Sirupen aller Geschmacksrichtungen und an exotischen Fruchtsäften hat in den letzten Jahren dazu beigetragen, dass die köstlichen alkoholfreien Mixgetränke mit Milch und Milchprodukten einen immer größeren Freundeskreis gefunden haben. Auch Kinder lieben Milchshakes und Milchmixgetränke mit frischen Früchten oder mit Eiscreme. Ein Genuss für die ganze Familie! Selbst diejenigen Konsumenten, die besonders kalorienbewusst genießen möchten oder müssen, haben in der Regel keine Probleme, denn fast alle Produkte gibt es auch in kalorien- und fettarmen Versionen. Mit einem Milchmixgetränk lässt sich durchaus einmal eine kleine Mahlzeit ersetzen und der Speiseplan des Tages ergänzen.

Der weiße Genuss

Wie in zahlreichen anderen Getränkebereichen, wie zum Beispiel bei Bier, Limonaden und Mineralwasser, ist der Vertriebsbereich von Milch meist auf die engere Heimatregion beschränkt, und nur sehr wenige Produzenten haben die Möglichkeiten, ihre Milch auch überregional im Handel anzubieten. Das macht eigentlich auch Sinn, denn eines der wichtigsten Qualitätskriterien der Milch ist ihre Frische. Anders verhält es sich bei den Milchprodukten, die in der Regel eine wesentlich längere Haltbarkeit haben.

Einer der großen überregionalen Milchproduzenten ist die Firma Campina mit ihrer Premiummarke Landliebe. Von dem in Heilbronn ansässigen Unternehmen werden außerdem eine große Zahl von Milchprodukten sowie mit der Südmilch, den Puddis und Fruttis drei weitere, überall im Handel zu findende Marken hergestellt.

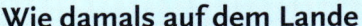

Wie damals auf dem Lande

Gemäß der Landliebe-Philosophie soll alles schmecken wie damals auf dem Land zubereitet. Deshalb werden nur ausgewählte und erlesene Zutaten verwendet, die den höchsten Qualitätskriterien entsprechen. Seit mehr als zwanzig Jahren steht Landliebe entsprechend ihrer Philosophie für Qualität und Genuss. 1980 wurde die Marke in Baden-Württemberg und Rheinland-Pfalz als Premiumsortiment mit überlegenem rahmigem Geschmack eingeführt. Sieben Jahre später wurde der Klassiker – die Landliebe-Milch in der 1-Liter-Mehrwegflasche – in den Markt eingeführt. 1991 verließ die Marke ihr Stammgebiet und wurde von da an im gesamten Bundesgebiet ausgeliefert. Von 1992 bis heute entwickelte sich Landliebe zu einer der umsatzstärksten Premiummarken für frische Milchprodukte. Seitdem wurden zahlreiche weitere Produkte wie Sahne- und Grießpudding, der Rahmjogurt und die Jogurt-Fruchtmilch eingeführt.

Red Cloud

3 EL Jogurt

8 cl Maracujanektar

4 cl Pfirsichnektar

2 cl Vanillesirup

2 cl Cranberrysirup

Cocktail links

Ein Longdrinkglas oder sonstiges großes Glas bereitstellen und einige Eiswürfel hineingeben.

Den Jogurt mit den Säften und Sirupen in den Cocktailshaker oder einen Standmixer geben. Einige Eiswürfel dazugeben, das Ganze gut durchmixen und in das Glas abgießen.

Ein Pfirsichstück etwas einschneiden und an den Glasrand stecken. Daran mit einem Cocktailspieß eine grüne Cocktailkirsche stecken.

Zwei Trinkhalme dazugeben.

Pineapple Star

1 EL Jogurt

2 cl Sahne

2 cl Vanillesirup

3 cl Karamelsirup

10 cl Ananassaft

Cocktail rechts

Ein Longdrinkglas bereitstellen und einige Eiswürfel hineingeben. Das Unterteil eines Metallshakers oder den Glasteil eines Boston-Shakers zur Hälfte mit Eiswürfeln füllen und die Zutaten dazugeben.

Den Shaker schließen und kräftig schütteln. Nach dem Mixen mit dem größeren Shakerteil nach unten absetzen, öffnen und darauf das Barsieb legen. Nun den Drink durch das Barsieb in das vorbereitete Glas eingießen.

Ein Ananasstück etwas einschneiden und an den Glasrand stecken. Daran mit einem Cocktailspieß eine Erdbeere stecken. Zwei Trinkhalme dazugeben.

Katerkiller

12 cl Buttermilch

12 cl Sangrita Würzdrink

1 Msp. Meerrettich

1 Spritzer Tabasco

2 Spritzer Worcestershire Sauce

Etwas Pfeffer

Einige Tropfen Zitronensaft

Ein Longdrinkglas bereitstellen und einige Eiswürfel hineingeben. Das Unterteil eines Metallshakers oder den Glasteil eines Boston-Shakers zur Hälfte mit Eiswürfeln füllen und die Zutaten dazugießen.

Den Shaker schließen und kräftig schütteln. Nach dem Mixen mit dem größeren Shakerteil nach unten absetzen, öffnen und darauf das Barsieb legen. Nun den Drink durch das Barsieb in das vorbereitete Glas eingießen.

Eine Zitronenscheibe bis zur Mitte einschneiden und an den Glasrand stecken. Daran mit einem Cocktailspieß ein Radieschen und eine Perlzwiebel stecken. Einen Stirrer zum Verrühren dazugeben.

Tipp

Der Jogurt zählt zu den beliebtesten Sauermilchprodukten. Ihren hohen Stellenwert in der Verbrauchergunst verdanken die Jogurterzeugnisse ihrer umfangreichen Angebotspalette in den unterschiedlichsten Geschmacks- und Fettstufenvarianten. Jogurt entsteht in der Regel durch die Zugabe von zwei unterschiedlichen Bakterienkulturen, die Milch zu Jogurt oder zu einem besonders milden Jogurt werden lassen. Weil die Jogurtkulturen sich in der Wärme besser entwickeln, säuert Jogurt bei 42 bis 45 °C. Nach zwei bis drei Stunden wird er gekühlt, um die Säuerung abzubrechen. Der Jogurt verfestigt sich und erhält seine gewünschte Konsistenz. Man unterscheidet zwischen löffelfestem und trinkbarem Jogurt. Stichfester Jogurt reift im Becher, Rühr- und Trinkjogurt wird in großen Tanks gesäuert und danach abgefüllt. Beliebt ist auch der Fruchtjogurt, der mit Früchten bzw. Fruchtzubereitungen hergestellt wird. Jogurt wird in Fettgehaltsstufen von 0 bis 10 Prozent angeboten.

Orangen-Kokos-Shake

2 cl Kokossirup
10 cl Buttermilch
10 cl Orangensaft

Ein Longdrinkglas bereitstellen und einige Eiswürfel hineingeben. Das Unterteil eines Metallshakers oder den Glasteil eines Boston-Shakers zur Hälfte mit Eiswürfeln füllen und die Zutaten dazugießen.

Den Shaker schließen und kräftig schütteln. Nach dem Mixen mit dem größeren Shakerteil nach unten absetzen, öffnen und darauf das Barsieb legen. Nun den Drink durch das Barsieb in das vorbereitete Glas eingießen.

Eine Orangenscheibe bis zur Mitte einschneiden und an den Glasrand stecken. Daran mit einem Cocktailspieß eine Cocktailkirsche stecken. Zwei Trinkhalme dazugeben.

Good Morning Shake

10 cl Buttermilch
5 cl Orangensaft
5 cl Maracujanektar
2 cl Erdbeersirup

Ein Longdrinkglas bereitstellen und einige Eiswürfel hineingeben. Das Unterteil eines Metallshakers oder den Glasteil eines Boston-Shakers zur Hälfte mit Eiswürfeln füllen und die Zutaten dazugießen.

Den Shaker schließen und kräftig schütteln. Nach dem Mixen mit dem größeren Shakerteil nach unten absetzen, öffnen und darauf das Barsieb legen. Nun den Drink durch das Barsieb in das vorbereitete Glas eingießen.

Eine Erdbeere anfeuchten, etwas einschneiden und an den Glasrand stecken. Die Erdbeere mit Puderzucker bestäuben. Zwei Trinkhalme dazugeben.

Morning Power

Ein Longdrinkglas bereitstellen und einige Eiswürfel hineingeben. Das Unterteil eines Metallshakers oder den Glasteil eines Boston-Shakers zur Hälfte mit Eiswürfeln füllen und die Zutaten dazugeben.

2 EL Jogurt

4 cl Vanillesirup

1 cl Erdbeersirup

2 cl Limettensaft

10 cl Maracujanektar

Cocktail links

Den Shaker schließen und kräftig schütteln. Nach dem Mixen mit dem größeren Shakerteil nach unten absetzen, öffnen und darauf das Barsieb legen. Nun den Drink durch das Barsieb in das vorbereitete Glas eingießen.

Zwei Erdbeeren anfeuchten, etwas einschneiden und an den Glasrand stecken. Die Erdbeeren mit Puderzucker bestäuben. Zwei Trinkhalme dazugeben.

Caramel Milk

Ein Longdrinkglas bereitstellen und einige Eiswürfel hineingeben. Das Unterteil eines Metallshakers oder den Glasteil eines Boston-Shakers zur Hälfte mit Eiswürfeln füllen und die Zutaten dazugeben.

8 cl Milch

8 cl Maracujanektar

1 cl Limettensaft

4 cl Karamelsirup

Cocktail rechts

Den Shaker schließen und kräftig schütteln. Nach dem Mixen mit dem größeren Shakerteil nach unten absetzen, öffnen und darauf das Barsieb legen. Nun den Drink durch das Barsieb in das vorbereitete Glas eingießen.

Eine Karambolescheibe bis zur Mitte einschneiden und an den Glasrand stecken. Daran mit einem Cocktailspieß eine Cocktailkirsche spießen. Zwei Trinkhalme dazugeben.

Blue Crown

3 EL Jogurt
4 cl Vanillesirup
1 cl Blue-Curaçao-Sirup
8 cl Apfelsaft

Ein Longdrinkglas bereitstellen und einige Eiswürfel hineingeben. Das Unterteil eines Metallshakers oder den Glasteil eines Boston-Shakers zur Hälfte mit Eiswürfeln füllen und die Zutaten dazugeben.

Den Shaker schließen und kräftig schütteln. Nach dem Mixen mit dem größeren Shakerteil nach unten absetzen, öffnen und darauf das Barsieb legen. Nun den Drink durch das Barsieb in das vorbereitete Glas eingießen.

Ein Apfelstück etwas einschneiden und an den Glasrand stecken. Daran mit einem Cocktailspieß eine Physalis stecken. Zwei Trinkhalme dazugeben.

Tipp

Es gibt süße und saure Sahne und Sahneprodukte. Die wohl bekannteste süße Sahne ist die Schlagsahne. Beim Mixen ist sie, meist im flüssigen Zustand, Teil vieler Rezepturen, und geschlagen krönt sie kalte wie heiße Drinks.
Der Mindestfettgehalt der Schlagsahne beträgt 30 Prozent, daneben wird noch eine »Schlagsahne Extra« mit etwa 36 Prozent Fett angeboten.
Etwa 5–6 °C sollte Sahne haben, wenn sie geschlagen wird. Dabei vergrößert sich ihr Volumen um 90–100 Prozent. Neben der altbekannten Schlagsahne gibt es noch eine Reihe anderer Sahne-Sorten.
Eine Super-Sahne ist die Crème double. Sie hat mit mindestens 40 Prozent einen besonders hohen Fettgehalt und ist löffelfest in ihrer Konsistenz. Beim Mixen fruchtiger Drinks mit Fruchtsäften und Sirup rundet ein Schuss Sahne wunderbar ab und macht die Drinks sämig und »softy«.

Banana Boat

20 cl kalte Buttermilch
¹/₂ Banane
1 EL Schokoladensauce
Steif geschlagene Sahne
1 EL Kirschsauce

Die Buttermilch mit der halben Banane und einem Esslöffel Schokoladensauce im Standmixer gut durchmixen und in ein großes Glas abgießen.

Darauf eine Haube aus steif geschlagener Sahne bis knapp unter den Glasrand geben.

Etwas von der Kirschsauce über die Schlagsahne geben und die verbleibende Kirschsauce ins Glas rundherum dazugeben.

Mit zwei Trinkhalmen und einem langen Löffel servieren.

Mango Buttermilch

100 g geschältes Mango-
fruchtfleisch
12 cl kalte Buttermilch
4 cl Grapefruitsaft
1 cl Mangosirup

Das vorbereitete Fruchtfleisch der geschälten Mango mit der kalten Buttermilch, dem Grapefruitsaft und dem Mangosirup in einen Standmixer geben und eine Weile kräftig durchmixen.

Dann in ein großes Longdrinkglas einige Eiswürfel geben und den Drink in das Glas gießen.

Eine ungeschälte Mangoscheibe etwas einschneiden und an den Glasrand stecken. Daran mit einem Cocktailspieß eine Cocktailkirsche stecken.

Zwei Trinkhalme dazugeben.

Cherry Buttermilk

10 cl kalte Buttermilch

100 g kalte entsteinte Sauerkirschen aus dem Glas

2 cl Amarena-Kirsch-Sirup

1 Kugel Vanilleeiscreme

Steif geschlagene Sahne

Cocktail links

Die Buttermilch mit den Sauerkirschen, dem Sirup und der Eiscreme in einen Standmixer geben und gut durchmixen.

Die Mischung in ein großes Glas abgießen. Darauf eine Haube aus steif geschlagener Sahne geben. Die Sahnehaube mit Schokoladenraspeln bestreuen.

Zwei Cocktailkirschen auf einen Cocktailspieß geben und diesen über den Glasrand legen.

Mit zwei Trinkhalmen servieren.

Strawberry Milkshake

6 mittelgroße Erdbeeren

20 cl kalte Milch

4 cl Erdbeersirup

1 Kugel Erdbeereiscreme

Cocktail rechts

Die Erdbeeren waschen, die Stiele abzupfen und die Erdbeeren dann mit der Milch in einen Standmixer geben und eine Weile kräftig durchmixen.

Dann den Erdbeersirup und die Eiscreme dazugeben und den Mixer nochmals laufen lassen.

Die Mischung in ein großes Glas gießen.

Bei einer Erdbeere den Stiel belassen, die Frucht leicht einschneiden und an den Glasrand stecken.

Zwei Trinkhalme dazugeben.

Kirsch-Bananen-Buttermilch

Ein Longdrinkglas bereitstellen und einige Eiswürfel hineingeben. Das Unterteil eines Metallshakers oder den Glasteil eines Boston-Shakers zur Hälfte mit Eiswürfeln füllen und die Zutaten dazugießen.

10 cl Buttermilch

5 cl Bananennektar

5 cl Sauerkirschnektar

Den Shaker schließen und kräftig schütteln. Nach dem Mixen mit dem größeren Shakerteil nach unten absetzen, öffnen und darauf das Barsieb legen. Nun den Drink durch das Barsieb in das vorbereitete Glas eingießen.

Auf einen Cocktailspieß einige Bananenscheiben und Cocktailkirschen stecken und diesen über den Glasrand legen. Zwei Trinkhalme dazugeben.

Tipp

Am Anfang steht die Rohmilch. Sie ist das Ausgangsprodukt der Konsummilchsorten. Auf dem Weg zum Endprodukt wird die Milch verschiedenen vorbereitenden Verarbeitungsschritten unterzogen. Dazu gehören das Reinigen und Separieren, das Einstellen des Fettgehalts, das Homogenisieren und die Wärmebehandlung. Bei der Ankunft in der Molkerei enthält die Milch zwischen 3,5 und 4,5 Prozent Fett. Bleibt dieser Fettgehalt unverändert, wird sie als Milch mit natürlichem Fettgehalt verkauft. Normalerweise wird der Fettgehalt der Milch jedoch auf bestimmte Fettgehaltsstufen eingestellt. Dafür wird der nach dem Separieren entstandenen Magermilch Rahm in einer genau festgelegten Menge wieder zugesetzt. Danach muss bei Vollmilch dieser mindestens 3,5 Prozent betragen, er kann aber auch bis 4 Prozent ansteigen. Bei fettarmer Milch sind mindestens 1,5 Prozent und höchstens 1,8 Prozent vorgeschrieben. Einen noch geringeren Fettgehalt hat die entrahmte Milch (Magermilch) mit höchstens 0,3 Prozent.

Bananen-Honig-Milch

Die halbe Banane mit der Milch in einen Standmixer geben und gut durchmixen. Dann den Honig mit den Haselnüssen und dem Zimt dazugeben und den Mixer nochmals laufen lassen.

Die fertige Mischung in ein Longdrinkglas gießen.

Auf einen Cocktailspieß einige Bananenscheiben und eine Erdbeere oder Cocktailkirschen stecken und diesen über den Glasrand legen. Zwei Trinkhalme dazugeben.

¹/₂ Banane

15 cl kalte Milch

1 EL Honig

1 EL geriebene Haselnüsse

1 Msp. Zimt

Orangen-Eismilch

Die kalte Milch mit dem Orangensaft, der Vanilleeiscreme und dem Amarena-Kirsch-Sirup im Elektromixer gut durchmixen.

Einige Eiswürfel in ein Longdrinkglas geben. Die Mischung in das Longdrinkglas abgießen.

Eine ungeschälte Orangenscheibe bis zur Mitte einschneiden und an den Glasrand stecken. Daran mit einem Cocktailspieß eine grüne oder rote Cocktailkirsche stecken.

Zwei Trinkhalme dazugeben oder den Drink mit einem langen Löffel servieren.

10 cl kalte Milch

6 cl Orangensaft

1 Kugel Vanilleeiscreme

1 cl Amarena-Kirsch-Sirup

Caribbean Milk

10 cl kalte Milch

6 cl Maracujanektar

2 cl Blue-Curaçao-Sirup

2 cl Bananensirup

Cocktail rechts

Ein Longdrinkglas bereitstellen und einige Eiswürfel hineingeben. Das Unterteil eines Metallshakers oder den Glasteil eines Boston-Shakers zur Hälfte mit Eiswürfeln füllen und die Zutaten dazugießen.

Den Shaker schließen und kräftig schütteln. Nach dem Mixen mit dem größeren Shakerteil nach unten absetzen, öffnen und darauf das Barsieb legen. Nun den Drink durch das Barsieb in das vorbereitete Glas eingießen.

Auf einen Cocktailspieß Bananenscheiben, Mandarinenspalten und eine Erdbeere stecken und diesen über den Glasrand legen. Zwei Trinkhalme dazugeben.

Violetta

2 EL Jogurt

8 cl kalte Milch

8 cl Johannisbeernektar

1 cl Limettensirup

Cocktail links

Ein Longdrinkglas bereitstellen und einige Eiswürfel hineingeben. Das Unterteil eines Metallshakers oder den Glasteil eines Boston-Shakers zur Hälfte mit Eiswürfeln füllen und die Zutaten dazugießen.

Den Shaker schließen und kräftig schütteln. Nach dem Mixen mit dem größeren Shakerteil nach unten absetzen, öffnen und darauf das Barsieb legen. Nun den Drink durch das Barsieb in das vorbereitete Glas eingießen.

Eine Orangenscheibe bis zur Mitte einschneiden und an den Glasrand stecken. Daran mit einem Cocktailspieß eine Cocktailkirsche stecken. Zwei Trinkhalme dazugeben.

Almond Blossom

15 cl kalte Kakaomilch

2 cl Mandelsirup

1 Kugel Vanilleeiscreme

Steif geschlagene Sahne

Schokoladenraspel

Die Kakaomilch, den Mandelsirup und die Eiscreme im Standmixer gut durchmixen. In ein Longdrinkglas einige Eiswürfel geben.

Auf den Drink eine Haube aus steif geschlagener Sahne setzen und diese mit Schokoladenraspeln bestreuen.

Mit zwei Trinkhalmen und einem langen Löffel servieren.

Tipp

Eine besonders »kühle« Milch-Variante ist Eiscreme. Die Grundbestandteile dafür sind Milch, Sahne und Butter. So muss Milchspeiseeis mindestens 70 Prozent Milch enthalten und Rahm- oder Sahneeis mindestens 60 Prozent Sahne. Weitere Zutaten für Speiseeis sind Butter, Eier, Zucker, Früchte und Gewürze wie zum Beispiel Vanillemark.
Die Vielfalt des Eiscreme-Angebotes wird durch zahlreiche Varianten wie Buttermilcheis und Jogurteis noch erweitert. Somit ist dieses hochwertige Eis nicht nur ein beliebter Genuss für jede Jahreszeit, sondern ebenso ein hochwertiges Nahrungsmittel. Gerade das zarte Milchfett ist beim Milchspeiseeis der unübertroffene Geschmacksträger, und es verleiht ihm den unverwechselbaren Geschmack.
Beim Mixen mit Milch und Milchprodukten bringt Milchspeiseeis natürlich auch seinen sahnigen Geschmack ein und trägt mehr zum Geschmack bei als Einfacheiscreme oder Fruchteis.

Schoko-Eiskaffee

10 cl kalte Milch
1 Tasse kalter Kaffee
1 Kugel Vanilleeiscreme
1 EL Schokoladensauce
Steif geschlagene Sahne

Ein Longdrinkglas bereitstellen.

Die kalte Milch und den kalten Kaffee mit der Vanilleeiscreme und der Schokoladensauce im Standmixer gut durchmixen und in das Glas abgießen.

Darauf die steif geschlagene Sahne als Haube setzen und den Drink mit etwas Zimt bestäuben.

Mit zwei Trinkhalmen und einem langen Löffel servieren.

Eisschokolade

20 cl kalte Kakaomilch
1 Kugel Vanilleeiscreme
Steif geschlagene Sahne
Schokoladenraspel

In ein großes Glas die kalte Kakaomilch gießen.

Dazu die Kugel Vanilleeiscreme geben und darauf die steif geschlagene Sahne als Haube setzen.

Die Sahnehaube mit Schokoladenraspeln bestreuen.

Mit zwei Trinkhalmen und einem langen Löffel servieren.

Variante: Sie können die Vanilleeiscreme durch Schokoladeneiscreme ersetzen, um einen noch kräftigeren Geschmack zu erzielen. Auch mit anderen Eiscremesorten lassen sich interessante Kombinationen zubereiten.

Sweet Peach

8 cl Pfirsichnektar

2 Pfirsichhälften
aus der Dose

2 EL Jogurt

3 cl Mandelsirup

Cocktail links

Den Pfirsichnektar mit den Pfirsichhälften im Standmixer gut durchmixen. Dann den Jogurt und den Mandelsirup dazugeben und den Mixer nochmals laufen lassen.

Die Mischung in ein Longdrinkglas auf einige Eiswürfel abgießen.

Ein Pfirsichstück etwas einschneiden und an den Glasrand stecken. Daran mit einem Cocktailspieß eine Erdbeere stecken.

Mit zwei Trinkhalmen servieren.

Mandarin

10 cl Buttermilch

10 cl Mandarinensaft

3 cl Aprikosensirup

1 cl Zitronensaft

Cocktail rechts

Ein Longdrinkglas bereitstellen und einige Eiswürfel hineingeben. Das Unterteil eines Metallshakers oder den Glasteil eines Boston-Shakers zur Hälfte mit Eiswürfeln füllen und die Zutaten dazugießen.

Den Shaker schließen und kräftig schütteln. Nach dem Mixen mit dem größeren Shakerteil nach unten absetzen, öffnen und darauf das Barsieb legen. Nun den Drink durch das Barsieb in das vorbereitete Glas eingießen.

Auf einen Cocktailspieß einige Mandarinenspalten, ein Aprikosenstück und eine Erdbeere stecken und diesen über den Glasrand legen. Zwei Trinkhalme dazugeben.

Spritzige Longdrinks mit Pfiff

Mineralwässer und schmackhafte Limonaden verleihen jedem fruchtigen Drink Frische und Spritzigkeit. Die Urform der spritzigen Drinks, Sirupe oder Fruchtsäfte mit Mineralwasser, ist mit dem Aufkommen der alkoholfreien Mixgetränke ins Abseits geraten. Heutzutage sind moderne Drinks mit exotischen Zutaten und prickelnder Frische gefragt.

Mineralwässer und Limonaden

Neben den Fruchtsäften und Sirupen spielen die Mineralwässer und Limonaden eine wichtige Rolle beim Mixen alkoholfreier Drinks. Sie sorgen für Spritzigkeit und Frische, zusätzlich bringen die Limonaden ihre Geschmackskomponenten ein. Mineralwässer und Limonaden werden gern pur getrunken, und ihre stetig wachsende Beliebtheit lässt sich an den Verkaufszahlen ablesen.

Auch die seit den 1980er Jahren stetig wachsende Zahl an neuen Mixrezepten schuf eine entsprechende Nachfrage. Mit dem einst beliebten Grenadine-Soda und der bis heute gerne getrunkenen Apfelschorle erschöpfte sich früher meist das Angebot an alkoholfreien Mixgetränken.

Verfolgt man die Geschichte und Entwicklung der großen Mineralwasser- und Limonadenmarken, dann weiß man auch, wann der Boom begann. Das Mineralwasser, dessen großer Erfolg in den 1980er Jahren einsetzte, hat heute eine Marktgeltung, die damals kaum für möglich gehalten wurde. Über 400 natürliche und künstlich erschlossene Quellen sprudeln in Deutschland, und in keinem Land der Erde ist die Sortenvielfalt größer.

Internationaler Erfolg

Wie auch in anderen Getränkebereichen wie z.B. Milch oder Bier ist auch der Mineralwasserverbrauch oft auf die Heimatregion beschränkt, und nur einige wenige große Marken werden überregional angeboten und auch exportiert. Eines der bedeutendsten Mineralwässer stammt von der Apollinarisquelle in Bad Neuenahr-Ahrweiler. Sie ist eine der bekanntesten und größten in Deutschland. Entdeckt wurde sie 1851 von dem Winzer Georg Kreuzberg in einem Weinberg, und benannt wurde sie nach einer Statue des heiligen Apollinaris, die am Fuße dieses Weinbergs stand. Apollinaris ist bundesweit erhältlich und wird in über 60 Länder exportiert. Von 1892 bis 1956 war Apollinaris in britischem Besitz.

Aus dieser Zeit stammt der berühmte Werbeslogan »The Queen of Table Waters«. Apollinaris bietet Mineralwässer für jeden Geschmack an; unter den vielen Arten sind das »Classic« und die für die Gastronomie entwickelten Marken »Selection« und »Silence« (ein stilles Wasser) die bekanntesten.

Die feinen Bitteren

Einen der bedeutendsten Namen unter den Limonadenherstellern trägt das britische Unternehmen Schweppes. Die 1783 von dem in Hessen geborenen Jakob Schweppe in London gegründete Firma Schweppes war es, die zum ersten Mal prickelndes Wasser künstlich herstellte. Das als »Soda Water« angebotene Getränk wurde in einer geradezu revolutionären Flasche verkauft, im Volksmund »betrunkene Flasche« genannt, weil sie wie Champagner verkorkt war. Man musste sie liegend aufbewahren, um ein Entweichen der Kohlensäure zu verhindern.

Von England aus führte der Siegeszug des »Soda Water« um die ganze Welt, und bereits 1809 stellten fünf Fabrikationsstätten das »Soda Water« und andere Schweppes-Produkte her. Im Jahre 1897 wurden das »Ginger Ale« und das heute weltberühmte »Tonic Water« eingeführt; sechzig Jahre später folgten die Bitter-Limonaden, die inzwischen zum Synonym für Schweppes geworden sind.

Seit 1958 wird Schweppes auch in Deutschland angeboten. Anfangs noch aus Großbritannien importiert, erforderte die rasch steigende Nachfrage schon nach kurzer Zeit eine eigene Produktionsstätte in Deutschland. Seit 1986 belegt Schweppes den dritten Platz unter den weltgrößten Limonadenherstellern. Im Jahr 1991 kam es zur Fusion mit der Apollinaris Brunnen AG. Seither ist der Produktionsstandort der Schweppes-Produkte für Deutschland und Österreich in Bad Neuenahr-Ahrweiler, der Heimat von Apollinaris. Dort werden alle Schweppes-Klassiker und auch die neuen Sorten Citrus Fruits und Mint Lemon sowie die Light-Produkte Tonic Water und Bitter Lemon hergestellt.

Cherry Tonic

1 cl Grenadine
1 cl Zitronensaft
10 cl Kirschnektar
Kaltes Tonic Water

Cocktail rechts

Ein Longdrinkglas bereitstellen und einige Eiswürfel hineingeben. Das Unterteil eines Metallshakers oder den Glasteil eines Boston-Shakers zur Hälfte mit Eiswürfeln füllen und die Zutaten (ohne Tonic Water) dazugießen.

Den Shaker schließen und kräftig schütteln. Nach dem Mixen mit dem größeren Shakerteil nach unten absetzen, öffnen und darauf das Barsieb legen. Nun den Drink durch das Barsieb in das vorbereitete Glas eingießen. Mit kaltem Tonic Water auffüllen.

Eine Zitronenscheibe bis zur Mitte einschneiden und an den Glasrand stecken. Daran mit einem Cocktailspieß eine Cocktailkirsche stecken. Zwei Trinkhalme dazugeben.

Cranberry Lime

2 cl Limettensirup
2 cl Limettensaft
8 cl Cranberry Juice
Kaltes Tonic Water

Cocktail links

Ein Longdrinkglas bereitstellen und einige Eiswürfel hineingeben. Das Unterteil eines Metallshakers oder den Glasteil eines Boston-Shakers zur Hälfte mit Eiswürfeln füllen und die Zutaten (ohne Tonic Water) dazugießen.

Den Shaker schließen und kräftig schütteln. Nach dem Mixen mit dem größeren Shakerteil nach unten absetzen, öffnen und darauf das Barsieb legen. Den Drink durch das Barsieb eingießen. Mit kaltem Tonic Water auffüllen.

Eine Limettenscheibe bis zur Mitte einschneiden und an den Glasrand stecken. Daran mit einem Cocktailspieß eine Erdbeere stecken. Zwei Trinkhalme dazugeben.

Summer Breeze

Ein Longdrinkglas bereitstellen und einige Eiswürfel hineingeben. Das Unterteil eines Metallshakers oder den Glasteil
eines Boston-Shakers zur Hälfte mit Eiswürfeln füllen und
die Zutaten (ohne Tonic Water) dazugießen.

4 cl Preiselbeersirup
2 cl Zitronensaft
8 cl Grapefruitsaft
Kaltes Tonic Water

Den Shaker schließen und kräftig schütteln. Nach dem Mixen mit dem größeren Shakerteil nach unten absetzen, öffnen und darauf das Barsieb legen. Nun den Drink durch
das Barsieb in das vorbereitete Glas eingießen. Mit kaltem
Tonic Water auffüllen.

Eine halbe Grapefruitscheibe und zwei Cocktailkirschen in
den Drink geben. Mit zwei Trinkhalmen servieren.

Tipp

*Der Urvater der alkoholfreien kohlensäurehaltigen Getränke war
der in Hessen geborene Jacob Schweppe. Er stellte im Jahre 1783 in
London erstmals prickelndes Wasser künstlich her. Eine der großen
Erfolgsmarken ist das 1897 eingeführte Tonic Water. Zu dieser Zeit
mussten die britischen Offiziere in Indien zur Vorbeugung gegen
die Malaria täglich eine Chinin-Tablette einnehmen. Da diese al-
lein zu bitter war, mischten sie die Arznei mit Lemon, Lime und
Gin. In die Heimat zurückgekehrt, wollte man auf den Drink nicht
verzichten, und so war das leicht chininhaltige Tonic Water genau
der richtige Ersatz. Der Gin Tonic erfuhr seine Geburtsstunde, und
bis heute ist er der weltweit meistgetrunkene Longdrink. Bis heute
weist der Namenszusatz »Indian« (indisches) auf den Etiketten
auf diesen Ursprung hin. Die Bezeichnung Tonic stammt vom To-
nikum, und das bedeutet »stärkendes Mittel«. Chinin ist im Tonic
Water nur in kleinsten Mengen vorhanden, aber es verleiht allen
Drinks seinen ganz speziellen, leicht bitteren Geschmack.*

Beach Cooler

1 cl London-Dry-Sirup
1 cl Cranberrysirup
2 cl Limettensaft
8 cl Ananassaft
Kaltes Tonic Water

Ein Longdrinkglas bereitstellen und einige Eiswürfel hineingeben. Das Unterteil eines Metallshakers oder den Glasteil eines Boston-Shakers zur Hälfte mit Eiswürfeln füllen und die Zutaten (ohne Tonic Water) dazugießen.

Den Shaker schließen und kräftig schütteln. Nach dem Mixen mit dem größeren Shakerteil nach unten absetzen, öffnen und darauf das Barsieb legen. Nun den Drink durch das Barsieb in das vorbereitete Glas eingießen. Mit kaltem Tonic Water auffüllen.

Ein Ananasstück etwas einschneiden und an den Glasrand stecken. Daran mit einem Cocktailspieß eine Cocktailkirsche stecken. Zwei Trinkhalme dazugeben.

Surfing Wave

2 Limettenviertel
2 cl Amarena-Kirsch-Sirup
1 cl Mandelsirup
10 cl Maracujanektar
Kaltes Tonic Water

Ein Longdrinkglas bereitstellen und einige Eiswürfel hineingeben. Darüber die zwei Limettenviertel ausdrücken und dazugeben. Das Unterteil eines Metallshakers oder den Glasteil eines Boston-Shakers zur Hälfte mit Eiswürfeln füllen und die Zutaten (ohne Tonic Water) dazugießen.

Den Shaker schließen und kräftig schütteln. Nach dem Mixen mit dem größeren Shakerteil nach unten absetzen, öffnen und darauf das Barsieb legen. Den Drink durch das Barsieb eingießen. Mit kaltem Tonic Water auffüllen.

Eine Limettenscheibe bis zur Mitte einschneiden und an den Glasrand stecken. Zwei Trinkhalme dazugeben.

Summer Collins

Ein Longdrinkglas bereitstellen und einige Eiswürfel hineingeben. Das Unterteil eines Metallshakers oder den Glasteil eines Boston-Shakers zur Hälfte mit Eiswürfeln füllen und die Zutaten (ohne Bitter Lemon) dazugießen.

Den Shaker schließen und kräftig schütteln. Nach dem Mixen mit dem größeren Shakerteil nach unten absetzen, öffnen und darauf das Barsieb legen. Nun den Drink durch das Barsieb in das vorbereitete Glas eingießen. Mit kaltem Bitter Lemon auffüllen.

1 cl Cranberrysirup

3 cl London-Dry-Sirup

2 cl Zitronensaft

4 cl Orangensaft

Kaltes Bitter Lemon

Cocktail links

Eine halbe Orangenscheibe und zwei Cocktailkirschen in den Drink geben. Mit zwei Trinkhalmen servieren.

Cool Strawberry

Ein Longdrinkglas bereitstellen und einige Eiswürfel hineingeben. Das Unterteil eines Metallshakers oder den Glasteil eines Boston-Shakers zur Hälfte mit Eiswürfeln füllen und die Zutaten (ohne Bitter Lemon) dazugießen.

Den Shaker schließen und kräftig schütteln. Nach dem Mixen mit dem größeren Shakerteil nach unten absetzen, öffnen und darauf das Barsieb legen. Nun den Drink durch das Barsieb in das vorbereitete Glas eingießen. Mit kaltem Bitter Lemon auffüllen.

2 cl Erdbeersirup

1 cl Zitronensaft

8 cl Maracujanektar

Kaltes Bitter Lemon

Cocktail rechts

Eine Erdbeere anfeuchten, etwas einschneiden und an den Glasrand stecken. Dann mit Puderzucker bestäuben.

Happy Apricot

**4 halbe Aprikosen
aus der Dose**

6 cl Orangensaft

1 cl Mandelsirup

Kaltes Bitter Orange

In ein Longdrinkglas einige Eiswürfel geben.

Die Aprikosen mit dem Orangensaft und dem Sirup (ohne Bitter Orange) im Standmixer gut durchmixen und die Mischung in das Longdrinkglas abgießen.

Mit kaltem Bitter Orange auffüllen.

Auf einen Cocktailspieß ein Aprikosenstück und eine Erdbeere stecken und diesen über den Glasrand legen.

Zwei Trinkhalme dazugeben.

Tipp

Das britische Unternehmen Schweppes, der weltweit drittgrößte Hersteller von Erfrischungsgetränken, bietet seine international bekannten Produkte seit 1958 auch in Deutschland an. Im Jahre 1991 erfolgte der Zusammenschluss mit der Apollinaris Brunnen AG, und dort, am Quellort von Apollinaris in Bad Neuenahr-Ahrweiler, werden auch die Schweppes-Produkte abgefüllt. Jacob Schweppe legte 1783 in London mit der Entwicklung des Soda Water den Grundstein für das Weltunternehmen. Die bis heute berühmtesten Produkte sind neben dem Soda Water die Sorten Tonic Water und Ginger Ale sowie das Bitter Lemon. Ein weiteres Erfolgsprodukt ist das Bitter Orange. Diese herb-fruchtige Orangenlimonade hat mit zwölf Prozent Orangensaftanteil einen sehr hohen Fruchtgehalt. Zwei weitere Premium-Limonaden kamen 2002 neu auf den deutschen Markt: Citrus Fruits – aus Orangensaft mit rosa Pampelmuse, Limette und Mandarine – und das minzig-frisch schmeckende Mint Lemon mit Limonensaft.

Red Monkey

3 cl Amarena-Kirsch-Sirup
1 cl Blutorangensirup
6 cl Pfirsichnektar
6 cl Orangensaft
Kaltes Bitter Orange

Ein Longdrinkglas bereitstellen und einige Eiswürfel hineingeben. Das Unterteil eines Metallshakers oder den Glasteil eines Boston-Shakers zur Hälfte mit Eiswürfeln füllen und die Zutaten (ohne Bitter Orange) dazugießen.

Den Shaker schließen und kräftig schütteln. Nach dem Mixen mit dem größeren Shakerteil nach unten absetzen, öffnen und darauf das Barsieb legen. Nun den Drink durch das Barsieb in das vorbereitete Glas eingießen. Mit kaltem Bitter Orange auffüllen.

Ein Pfirsichstück etwas einschneiden und an den Glasrand stecken. Daran mit einem Cocktailspieß eine Amarenakirsche stecken. Zwei Trinkhalme dazugeben.

Yellow Shake

4 cl Bananensirup
2 cl Zitronensaft
6 cl Orangensaft
Kaltes Bitter Orange

Ein Longdrinkglas bereitstellen und einige Eiswürfel hineingeben. Das Unterteil eines Metallshakers oder den Glasteil eines Boston-Shakers zur Hälfte mit Eiswürfeln füllen und die Zutaten (ohne Bitter Orange) dazugießen.

Den Shaker schließen und kräftig schütteln. Nach dem Mixen mit dem größeren Shakerteil nach unten absetzen, öffnen und darauf das Barsieb legen. Nun den Drink durch das Barsieb in das vorbereitete Glas eingießen. Mit kaltem Bitter Orange auffüllen.

Auf einen Cocktailspieß Bananenscheiben und eine halbierte Kumquat stecken und diesen über den Glasrand legen.

Lemon Shake

2 cl Cranberrysirup

1 cl Mangosirup

1 cl Zitronensaft

8 cl Maracujanektar

Kaltes Bitter Lemon

Cocktail links

Ein Longdrinkglas bereitstellen und einige Eiswürfel hinein-geben. Das Unterteil eines Metallshakers oder den Glasteil eines Boston-Shakers zur Hälfte mit Eiswürfeln füllen und die Zutaten (ohne Bitter Lemon) dazugießen.

Den Shaker schließen und kräftig schütteln. Nach dem Mi-xen mit dem größeren Shakerteil nach unten absetzen, öff-nen und darauf das Barsieb legen. Nun den Drink durch das Barsieb in das vorbereitete Glas eingießen. Mit kaltem Bitter Lemon auffüllen.

Ein Mangostück etwas einschneiden und an den Glasrand stecken. Daran mit einem Cocktailspieß eine grüne Cock-tailkirsche stecken. Zwei Trinkhalme dazugeben.

Paradiso

2 cl Erdbeersirup

2 cl Maracujasirup

8 cl Orangensaft

4 cl Ananassaft

Kaltes Bitter Lemon

Cocktail rechts

Ein Longdrinkglas bereitstellen und einige Eiswürfel hinein-geben. Das Unterteil eines Metallshakers oder den Glasteil eines Boston-Shakers zur Hälfte mit Eiswürfeln füllen und die Zutaten (ohne Bitter Lemon) dazugießen.

Den Shaker schließen und kräftig schütteln. Nach dem Mi-xen mit dem größeren Shakerteil nach unten absetzen, öff-nen und darauf das Barsieb legen. Nun den Drink durch das Barsieb in das vorbereitete Glas eingießen. Mit kaltem Bitter Lemon auffüllen.

Auf einen Cocktailspieß ein Ananasstück, eine Erdbeere und eine Physalis stecken und diesen über den Glasrand legen.

Red Lady

6 mittelgroße Erdbeeren

3 cl Erdbeersirup

1 cl Zitronensaft

6 cl Grapefruitsaft

Kaltes kohlensäurehaltiges Mineralwasser

In ein Longdrinkglas einige Eiswürfel geben.

Die Erdbeeren mit dem Sirup und den Säften im Standmixer gut durchmixen. Die Mischung in das Longdrinkglas abgießen. Mit kaltem Mineralwasser auffüllen und mit einem Barlöffel leicht umrühren.

Eine Erdbeere anfeuchten, etwas einschneiden und an den Glasrand stecken. Dann mit Puderzucker bestäuben.

Mit zwei Trinkhalmen servieren.

Tipp

Die Apollinarisquelle in Bad Neuenahr-Ahrweiler ist eine der größten in Deutschland. Seit ihrer Entdeckung im Jahre 1851 entwickelte sich die Marke zu einer der bekanntesten im Inland und auf den Exportmärkten. Apollinaris war von 1892 bis 1956 in britischem Besitz; daher stammt der bis heute beibehaltene Slogan »The Queen of Table Waters«.
Seit 1991 ist man wieder mit einer britischen Firma, dem Limonadenkonzern Schweppes, verbunden.
Außer dem Apollinaris »Classic« werden einige weitere unterschiedliche Mineralwässer angeboten. Neu ist die 1997 speziell für die Gastronomie und Hotelerie eingeführte Marke »Selection«. Dazu kam im Jahre 2000 das stille Wasser »Silence«, das ebenfalls in der neu entwickelten Flasche angeboten wird. Damit reagierte man bei Apollinaris auf die Entwicklung, dass heute der Marktanteil des stillen Wassers bereits bei zehn Prozent liegt und weiter ansteigt.

Citrus Collins

Ein Longdrinkglas bereitstellen und einige Eiswürfel hineingeben. Das Unterteil eines Metallshakers oder den Glasteil eines Boston-Shakers zur Hälfte mit Eiswürfeln füllen und die Zutaten (ohne Mineralwasser) dazugießen.

1 cl Grenadine

1 cl Limettensirup

1 cl Limettensaft

4 cl Grapefruitsaft

6 cl Orangensaft

Kaltes kohlensäurehaltiges
  Mineralwasser

Den Shaker schließen und kräftig schütteln. Nach dem Mixen mit dem größeren Shakerteil nach unten absetzen, öffnen und darauf das Barsieb legen. Nun den Drink durch das Barsieb in das vorbereitete Glas eingießen. Mit kaltem Mineralwasser auffüllen.

Eine halbe Orangenscheibe und zwei Cocktailkirschen dazugeben. Mit zwei Trinkhalmen servieren.

Bahama Beach

Ein Longdrinkglas bereitstellen und einige Eiswürfel hineingeben. Das Unterteil eines Metallshakers oder den Glasteil eines Boston-Shakers zur Hälfte mit Eiswürfeln füllen und die Zutaten (ohne Mineralwasser) dazugießen.

2 cl Blue-Curaçao-Sirup

2 cl Havana-Sirup

3 cl Zitronensaft

8 cl Ananassaft

Kaltes kohlensäurehaltiges
  Mineralwasser

Den Shaker schließen und kräftig schütteln. Nach dem Mixen mit dem größeren Shakerteil nach unten absetzen, öffnen und darauf das Barsieb legen. Nun den Drink durch das Barsieb in das vorbereitete Glas eingießen. Mit kaltem Mineralwasser auffüllen.

Ein Ananasstück etwas einschneiden und an den Glasrand stecken.

Singapore Sling

2 cl Amarena-Kirsch-Sirup

4 cl London-Dry-Sirup

4 cl Zitronensaft

6 cl Ananassaft

Kaltes kohlensäurehaltiges Mineralwasser

Cocktail rechts

Ein Longdrinkglas bereitstellen und einige Eiswürfel hineingeben. Das Unterteil eines Metallshakers oder den Glasteil eines Boston-Shakers zur Hälfte mit Eiswürfeln füllen und die Zutaten (ohne Mineralwasser) dazugießen.

Den Shaker schließen und kräftig schütteln. Nach dem Mixen mit dem größeren Shakerteil nach unten absetzen, öffnen und darauf das Barsieb legen. Nun den Drink durch das Barsieb in das vorbereitete Glas eingießen. Mit wenig kaltem Mineralwasser auffüllen.

Eine Orangenscheibe bis zur Mitte einschneiden und an den Glasrand stecken. In das Glas zwei Cocktailkirschen geben. Mit zwei Trinkhalmen servieren.

Tom Collins

6 cl London-Dry-Sirup

4 cl Zitronensaft

Kaltes kohlensäurehaltiges Mineralwasser

Cocktail links

Ein Longdrinkglas bereitstellen und einige Eiswürfel hineingeben. Das Unterteil eines Metallshakers oder den Glasteil eines Boston-Shakers zur Hälfte mit Eiswürfeln füllen und die Zutaten (ohne Mineralwasser) dazugießen.

Den Shaker schließen und kräftig schütteln. Nach dem Mixen mit dem größeren Shakerteil nach unten absetzen, öffnen und darauf das Barsieb legen. Nun den Drink durch das Barsieb in das vorbereitete Glas eingießen. Mit kaltem Mineralwasser auffüllen und leicht umrühren.

Eine halbe Zitronenscheibe und zwei Cocktailkirschen in das Glas geben. Mit zwei Trinkhalmen servieren.

Red Pear

Ein Longdrinkglas bereitstellen und einige Eiswürfel hineingeben. Das Unterteil eines Metallshakers oder den Glasteil
eines Boston-Shakers zur Hälfte mit Eiswürfeln füllen und
die Zutaten (ohne Ginger Ale) dazugießen.

2 cl Erdbeersirup
4 cl Grapefruitsaft
8 cl Birnennektar
Kaltes Ginger Ale

Den Shaker schließen und kräftig schütteln. Nach dem Mixen mit dem größeren Shakerteil nach unten absetzen, öffnen und darauf das Barsieb legen. Nun den Drink durch
das Barsieb in das vorbereitete Glas eingießen. Mit kaltem
Ginger Ale auffüllen.

Ein Birnenstück etwas einschneiden und an den Glasrand
stecken. Daran mit einem Cocktailspieß eine Erdbeere stecken. Zwei Trinkhalme dazugeben.

Tipp

*Seit 1958 gibt es in Deutschland Schweppes – und damit begann
eine neue Longdrink-Ära. Abgesehen davon, dass alle Schweppes-
Limonaden pur getrunken ein köstlicher Genuss sind, waren sie eine Bereicherung für das Angebot jeder Bar. Obwohl dieses Buch
ausschließlich alkoholfreie Drinks vorstellt, kommt man, um den
Erfolg von Schweppes zu beschreiben nicht an den alkoholischen
Longdrinks vorbei. Ob Gin mit Tonic Water, Wodka mit Bitter Lemon oder Whisk(e)y mit Ginger Ale, mit den Schweppes-Limona-
den war man nun auf internationalem Standard. Auch zum Mixen vieler erfrischender Mixgetränke wurden diese neuartigen Limonaden verwendet. Will man alkoholfreie, spritzige Drinks mit
Geschmack mixen, dann braucht man Limonaden. Eine interessante englisch-amerikanische Sorte ist das Ginger Ale. Diese Ing-
werlimonade ist nicht bitter wie Ingwer, sondern mild-aromatisch.
Ihr mit keiner anderen Limonade vergleichbarer Geschmack passt
ideal zum Verlängern fruchtiger Drinks.*

Sunny Lemonade

2 cl Limettensirup
1 cl Blutorangensirup
6 cl Grapefruitsaft
Kaltes Ginger Ale

Ein Longdrinkglas bereitstellen und einige Eiswürfel hineingeben. Das Unterteil eines Metallshakers oder den Glasteil eines Boston-Shakers zur Hälfte mit Eiswürfeln füllen und die Zutaten (ohne Ginger Ale) dazugießen.

Den Shaker schließen und kräftig schütteln. Nach dem Mixen mit dem größeren Shakerteil nach unten absetzen, öffnen und darauf das Barsieb legen. Nun den Drink durch das Barsieb in das vorbereitete Glas eingießen. Mit etwa 10 cl kaltem Ginger Ale auffüllen und mit einem Barlöffel leicht umrühren.

Je eine halbe Orangen- und Limettenscheibe zusammen mit einer Cocktailkirsche in das Glas geben. Mit zwei Trinkhalmen servieren.

Limbo

2 cl Maracujasirup
3 cl Havana-Sirup
2 cl Zitronensaft
6 cl Mangonektar
Kaltes Ginger Ale

Ein Longdrinkglas bereitstellen und einige Eiswürfel hineingeben. Das Unterteil eines Metallshakers oder den Glasteil eines Boston-Shakers zur Hälfte mit Eiswürfeln füllen und die Zutaten (ohne Ginger Ale) dazugießen.

Den Shaker schließen und kräftig schütteln. Nach dem Mixen mit dem größeren Shakerteil nach unten absetzen, öffnen und darauf das Barsieb legen. Nun den Drink durch das Barsieb in das vorbereitete Glas eingießen. Mit kaltem Ginger Ale auffüllen.

Ein Mangostück einschneiden und an den Glasrand stecken. Daran mit einem Cocktailspieß eine Erdbeere stecken.

Ipanema

1 Limette

2–3 Barlöffel brauner Rohrzucker

Kaltes Ginger Ale

Cocktail rechts

Die Limette in acht Teile schneiden und in einen massiven Tumbler geben.

Mit einem Holzstößel die Limettenstücke ausdrücken, dann den Rohrzucker dazugeben und mit einem Barlöffel gut vermischen.

Das Glas bis über die Hälfte mit Crushed Ice füllen und das kalte Ginger Ale dazu gießen. Dann nochmals mit einem Barlöffel umrühren.

Mit zwei Trinkhalmen servieren.

Mixed Fruits

5 cl Grapefruitsaft

5 cl Kirschnektar

5 cl Pfirsichnektar

Kaltes Ginger Ale

Cocktail links

Ein Longdrinkglas bereitstellen und einige Eiswürfel hineingeben. Das Unterteil eines Metallshakers oder den Glasteil eines Boston-Shakers zur Hälfte mit Eiswürfeln füllen und die Zutaten (ohne Ginger Ale) dazugießen.

Den Shaker schließen und kräftig schütteln. Nach dem Mixen mit dem größeren Shakerteil nach unten absetzen, öffnen und darauf das Barsieb legen. Nun den Drink durch das Barsieb in das vorbereitete Glas eingießen. Mit kaltem Ginger Ale auffüllen.

Ein Pfirsichstück etwas einschneiden und an den Glasrand stecken. Zwei Trinkhalme dazugeben.

Feine
Bowlen und
prickelnde Cups

Wer Wein oder Sekt liebt, aber auf Alkohol verzichten möchte oder muss, dem bietet sich mit dem alkoholfreien Wein eine anspruchsvolle Alternative. Schonend entalkoholisiert, besitzt der alkoholfreie Wein alles, was der Weinfreund liebt, und auch auf das Prickeln vom Sekt muss nicht mehr verzichtet werden.

Weine ohne Alkohol

Aus dem Jahr 1908 stammt das erste deutsche Patent zur Herstellung von alkoholfreiem Wein. Schon im Altertum war bekannt, dass sich durch Erhitzen die berauschenden Substanzen im Wein lösten und verflüchtigten. Allerdings verändert der Wein dabei seinen Eigengeschmack ganz erheblich. Deshalb wird heute zwar immer noch nach dieser Methode der Wein entalkoholisiert, allerdings ist das Verfahren inzwischen technisch verfeinert und äußerst anspruchsvoll geworden.

Das Verfahren zur Entalkoholisierung

Dabei werden die Weine im Vakuum, also im luftleeren Raum, auf nur 28 °C erwärmt. Bereits bei dieser geringen Erwärmung entweicht der Alkohol als Gas; er wird abgekühlt und in Auffangbehältern gesammelt. Die leicht flüchtigen Aromastoffe, die ansonsten bei der Destillation den Alkohol begleiten, bleiben dabei dem entalkoholisierten Wein erhalten. Sie werden aufgefangen und in einem speziellen Verfahren, der Aroma-Rückgewinnung, dem entalkoholisierten Wein wieder zugeführt. Das gesamte Verfahren benötigt nur wenige Minuten und ist auch dadurch äußerst effektiv.

Der so entstandene alkoholfreie Wein bleibt mit einem Alkoholgehalt von bis zu 0,2 Volumenprozent deutlich unter der vorgeschriebenen Obergrenze von 0,5 Volumenprozent für alkoholfreie Produkte.

Ein weiterer Umstand spricht für den alkoholfreien Wein: der Kaloriengehalt. Er liegt bei 26 Kalorien pro 100 Milliliter und weist damit nur noch ein Drittel der Menge auf, die wir bei alkoholischem Wein und Sekt zu uns nehmen.

Alkoholfreier Sekt

Auch alkoholfreier Sekt (laut Verordnung benannt als: »schäumendes Getränk aus alkoholfreiem Wein«) wird hergestellt. Hierbei wird im Gegensatz zum herkömmlichen Sekt keine zweite Gärung – die wieder Alkohol erzeugen würde – vorgenommen. Die dadurch auch nicht vorhandene Kohlensäure wird daher zugesetzt. Mit dem Bekanntheitsgrad der alkoholfreien Weine sowie des »schäumenden Weines« stieg auch die Nachfrage nach alkoholfreien Weinen aus kontrolliert biologischem Anbau. Die in Koblenz beheimatete Weinkellerei Weinkönig, von der die abgebildeten Weine stammen, produziert seit 1988 alkoholfreie Weine. Vor kurzem erweiterte man das Sortiment mit Weinen aus kontrolliert biologischem Anbau.

Mit ausgesprochen großem Erfolg wird seit Aufnahme der Produktion Weiß-, Rot- und Roséwein entalkoholisiert angeboten. Außerdem gibt es einen Riesling, einen Merlot und den schäumenden Wein »Lady in White«. Die Grundlage für die angebotenen biologischen Sorten Romance en blanc, Romance en rouge und den schäumenden Wein »Mona-Claudia« stellen extraktreiche Rot- und Weißweine aus der Region Bordeaux.

Ein leichter, vernünftiger Genuss

Man mag sich fragen: »Warum alkoholfreier Wein?« Schließlich weiß man heute, dass für gesunde Erwachsene mäßiger Alkoholgenuss durchaus gesundheitsfördernd sein kann. Speziell dem Rotwein sagt man positive Wirkungen auf das Herz-Kreislaufsystem nach. Die Frage »Warum alkoholfrei?« stellte sich aber auch vor nicht allzu langer Zeit noch beim Bier und letztlich ebenso beim entcoffeinierten Kaffee und bei anderen Light-Produkten.

Die Devise »Genuss gerne, aber leicht« gilt auch für den Wein. Weine ohne Alkohol eignen sich zum unbeschwerten Genuss zu jeder Gelegenheit, bei der man auf Alkohol verzichten möchte oder muss.

Alkoholfreier Wein für Bowlen und Mixgetränke

Ob Sie ihn pur genießen, mit den verschiedensten Fruchtsäften mischen oder als prickelnd-spritzigen Faktor beim Mixen einsetzen: Gelegenheiten und Möglichkeiten der Verwendung besonders des schäumenden Weines gibt es viele. Versuchen Sie die alkoholfreien Weine auch bei der Bereitung von Bowlen. Sie werden angenehm überrascht sein.

Springtime Cup

Die Erdbeeren halbieren und mit einigen Eiswürfeln in ein größeres Glas geben. Dazu den Erdbeer Sirup gießen.

Dann mit kaltem schäumendem Wein aufgießen und mit einem Barlöffel leicht umrühren.

Eine Erdbeere etwas einschneiden und an den Glasrand stecken.

Einen Stängel Zitronenmelisse dazugeben.

4 Erdbeeren

2 cl Erdbeersirup

10 cl kalter schäumender Wein

Cocktail rechts

Blue Beach

Das Unterteil eines Metallshakers oder den Glasteil eines Boston-Shakers zur Hälfte mit Eiswürfeln füllen und die Zutaten (ohne den schäumenden Wein) dazugießen.

Den Shaker schließen und kräftig schütteln. Nach dem Mixen mit dem größeren Shakerteil nach unten absetzen, öffnen und darauf das Barsieb legen. Nun durch das Barsieb in ein Stielglas gießen und mit dem schäumenden Wein auffüllen.

Eine Orangenscheibe bis zur Mitte einschneiden und an den Glasrand stecken. Daran mit einem Cocktailspieß eine Cocktailkirsche stecken.

1 cl Limettensirup

1 cl Blue-Curaçao-Sirup

1 cl Zitronensaft

4 cl Orangensaft

10 cl kalter schäumender Wein

Cocktail links

Red Grape Sparkling

**10 cl kalter
     roter Traubensaft**

**10 cl kalter
     schäumender Wein**

In ein Longdrinkglas einige Eiswürfel geben und den roten Traubensaft dazugießen.

Dann mit dem schäumenden Wein langsam auffüllen.

Einige blaue Weintrauben an den Glasrand hängen.

Variante: Für diesen fruchtigen, frischen Drink eignen sich auch andere Früchte wie z.B. Kirschnektar, Johannisbeernektar, Birnennektar oder Orangensaft.

Tipp

Hätte man vor rund zehn Jahren behauptet, dass im Jahr 2000 jede zehnte Maß Bier auf dem Münchener Oktoberfest alkoholfrei sein würde, dann wäre man ausgelacht worden. Und doch ist es so gekommen, und viele sind froh darüber, dass diese Variante angeboten wird. Ähnlich verhielt es sich beim alkoholfreien Wein, wobei man meist zu hören bekam: »Da kann ich ja gleich Traubensaft trinken.« Doch weit gefehlt! Alkoholfreier Wein besteht wie alkoholischer Wein aus vergorenem Traubensaft, und aus bereits fertigem Wein wird erst durch die Erwärmung entalkoholisierter Wein. Dieses Verfahren entspricht in den Grundlagen dem der alkoholfreien Biere. Die Weinkellerei Weinkönig in Koblenz ist einer der Wegbereiter bei der Herstellung der alkoholfreien Weine. Eine außergewöhnliche Qualität weisen die Romance-Weine (→ Seite 114/115) und der schäumende Wein Mona-Claudia auf. Sie werden aus für die Entalkoholisierung geeigneten extraktreichen Bordeaux-Weinen hergestellt.

Happy Afternoon

Die Erdbeeren mit den Sirupen und dem Pfirsichnektar (ohne den schäumenden Wein) mit einigen Eiswürfeln in einen Standmixer geben. Den Mixer laufen lassen, bis die Erdbeeren püriert sind.

Dann die Mischung in ein großes Stielglas abgießen. Mit dem schäumenden Wein langsam auffüllen.

Eine Limettenscheibe bis zur Mitte einschneiden und an den Glasrand stecken. Daran mit einem Cocktailspieß eine Erdbeere stecken.

5 mittelgroße Erdbeeren

1 cl Erdbeersirup

1 cl Limettensirup

4 cl Pfirsichnektar

10 cl kalter schäumender Wein

Glühwein

Den Wein mit dem Zucker, den Nelken und der Zimtstange in einem kleinen Topf erhitzen, aber nicht kochen lassen. Dann in ein hitzebeständiges Henkelglas oder eine vorgewärmte Tasse gießen. Die halbe Orangen- und Zitronenscheibe dazugeben.

Anstelle der halben Orangen- und Zitronenscheiben kann man auch nur längliche Schalen der Früchte nehmen und diese mit erwärmen.

Gern werden auch die im Handel erhältlichen gebrauchsfertigen Glühwein-Gewürzmischungen verwendet. Dann kann man auf die Nelken und die Zimtstange verzichten.

0,2 l alkoholfreier Rotwein

2-3 Teelöffel Zucker

2 Nelken

1 kleine Zimtstange

1/2 Orangenscheibe

1/2 Zitronenscheibe

Exoten-Bowle

1 Papaya

1 Mango

1 länglich halbierte Ananas

3 Kiwis

**20 Kap-Stachelbeeren
(Physalis)**

3 EL Zucker

0,75 l Maracujanektar

**2 Flaschen sehr kalter
alkoholfreier schäu-
mender Wein**

Cocktail rechts

Die Papaya und die Mango schälen und das Fruchtfleisch
klein schneiden. Die Schale der Ananas entfernen und die
Ananashälfte länglich teilen. Dann von beiden Teilen den
Mittelkern abschneiden und die Fruchtstücke klein schnei-
den. Die Kiwis schälen und in Scheiben schneiden. Von den
Kap-Stachelbeeren die Stiele und Blätter abzupfen.

Die Fruchtstücke in ein Bowlengefäß geben und mit dem
Zucker bestreuen. Dann den Maracujanektar dazugießen
und mit einer Kelle leicht umrühren.
Die beiden Flaschen schäumenden Wein dazugießen und
nochmals leicht umrühren. Die Bowle mit einer Kelle in
Gläser verteilen und mit kleinen Löffeln servieren.

Diese Bowle ergibt 10-15 Gläser.

Erdbeer-Ananas-
Bowle

1 Ananas

500 g Erdbeeren

1 Zitronenschalenspirale

3 EL Zucker

**1 Flasche sehr kalter
alkoholfreier Weißwein**

**2 Flaschen alkoholfreier
schäumender Wein**

Cocktail links

Die Ananas vierteln und schälen. Den Innenteil der Ananasstücke wegschneiden und das Fruchtfleisch klein schneiden. Die Erdbeeren waschen und entstielen.

Die zurechtgeschnittenen Fruchtstücke und die Zitronenschalenspirale in ein Bowlengefäß geben und mit dem Zucker bestreuen. Dann die Flasche Weißwein dazugießen.
Zum Schluss die beiden Flaschen schäumenden Wein dazugießen und leicht umrühren. Die Bowle mit einer Kelle in
Gläser verteilen und mit kleinen Löffeln servieren. Diese
Bowle ergibt 10-15 Gläser.

Tropical-Bowle

1 länglich halbierte Ananas

5 mittelgroße kernlose Mandarinen

1 Dose Litschis (150 g Abtropfgewicht)

3 Kiwis

3 EL Zucker

0,75 Liter sehr kalte Multivitamin-Nektar

2 Flaschen sehr kalter alkoholfreier schäumender Wein

Die Schale der Ananas entfernen und die Ananashälfte einmal länglich teilen. Dann von beiden Teilen den Mittelkern abschneiden und die Fruchtstücke klein schneiden. Die Mandarinen schälen und die weiße Innenhaut entfernen. Dann die Mandarinen in die einzelnen Spalten zerteilen. Die Litschis abtropfen lassen. Die Kiwis schälen und in Scheiben schneiden.

Die Fruchtstücke in ein Bowlengefäß geben und mit dem Zucker bestreuen. Dann den Multivitamin-Nektar dazugießen und mit einer Kelle leicht umrühren. Zum Schluss die beiden Flaschen schäumenden Wein dazugießen und nochmals leicht umrühren. Die Bowle in Gläser verteilen und mit kleinen Löffeln servieren.

Diese Bowle ergibt 10-15 Gläser.

Tipp

Bei der Entalkoholisierung von Original-Weinen bleibt der Charakter des Weines durch das schonende Verfahren weitgehend erhalten. Im Geschmack und Bukett sind die alkoholfreien Weine ohnehin nur sehr schwer vom alkoholischen Wein zu unterscheiden. Da aber bei der Entalkoholisierung auch Aromastoffe verloren gehen, sollten besonders bukettreiche Weine, wie zum Beispiel Rieslingweine, verwendet werden. Der Riesling, die wertvollste der deutschen Rebsorten, besitzt eine pikante, natürliche Fruchtsäure, und durch seine Aromafülle ist er besonders gut zum Entalkoholisieren geeignet.
Um den Wünschen der Verbraucher nachzukommen, wird ab dem Frühjahr 2002 von der Koblenzer Weinkellerei Weinkönig ein für Diabetiker geeigneter trockener Frankenwein aus biologisch-kontrolliertem Anbau ins Programm aufgenommen. Mit diesem will man erneut die Qualität der alkoholfreien Weine unter Beweis stellen.

Sangria

2 Orangen

2 Zitronen

4 Pfirsiche

2 Bananen

2 mittelgroße, nicht zu saure Äpfel

250 g rote Trauben

2 Zimtstangen

8 cl Limettensirup

3 Flaschen sehr kalter alkoholfreier Rotwein

Die Orangen und Zitronen waschen, halbieren und in Scheiben schneiden. Die Pfirsiche waschen, halbieren und in kleine Stücke schneiden. Die Bananen schälen und in Scheiben schneiden. Die Äpfel waschen und vierteln, die Kerngehäuse entfernen und in mundgerechte Stücke schneiden. Die Trauben waschen.

Die vorbereiteten Früchte und die Zimtstangen in ein Bowlengefäß oder eine große Glaskanne geben und den Limettensirup dazugeben. Die drei Flaschen kalten Rotwein dazugießen und mit umrühren. Die Sangria mit einer Kelle in Gläser verteilen und mit kleinen Löffeln servieren.

Die Sangria ergibt 10-15 Gläser.

Bananen-Beeren-Bowle

500 g Beeren (Brombeeren, Himbeeren, Erdbeeren) frisch oder tiefgekühlt

3 Bananen

1 Zitronenschalenspirale

1 Orangenschalenspirale

3 EL Zucker

1 Flasche sehr kalter alkoholfreier Weißwein

2 Flaschen sehr kalter alkoholfreier schäumender Wein

Frische Beeren waschen und von ihren Stielen befreien. Große Erdbeeren halbieren oder vierteln. Die Bananen schälen und in Scheiben schneiden.

Die Früchte mit den Zitronen- und Orangenschalen in ein Bowlengefäß geben und mit Zucker bestreuen. Die Flasche Weißwein dazugießen und mit einer Kelle leicht umrühren.

Dann die beiden Flaschen schäumenden Weißwein dazugeben. Die Bowle mit einer Kelle in Gläser verteilen und mit kleinen Löffeln servieren.

Diese Bowle ergibt 10-15 Gläser.

Himbeeren-Limetten-Bowle

3 Limetten

500 g frische oder tiefgekühlte Himbeeren

3 EL Zucker

1 Flasche sehr kalter alkoholfreier Roséwein

2 Flaschen sehr kalter alkoholfreier schäumender Wein

Cocktail rechts

Die Limetten waschen und in dünne Scheiben schneiden. Frische Himbeeren waschen und von ihren Stielen befreien. Die Limettenscheiben mit den frischen oder tiefgekühlten Himbeeren in ein Bowlengefäß geben und mit dem Zucker bestreuen. Die Flasche Roséwein dazugießen und mit einer Kelle leicht umrühren. Dann die beiden Flaschen schäumenden Weißwein dazugeben.

Die Bowle mit einer Kelle in Gläser verteilen und mit kleinen Löffeln servieren.

Diese Bowle ergibt 10-15 Gläser.

Litschi-Kirsch-Bowle

3 Dosen Litschis (Abtropfgewicht insgesamt ca. 450 g)

6 cl Zitronensaft

3 EL Zucker

0,75 Liter sehr kalter Kirschnektar

2 Flaschen sehr kalter alkoholfreier schäumender Wein

30 Minzeblätter

Cocktail links

Die Litschis in das Bowlengefäß geben. Den Zitronensaft dazugießen und mit dem Zucker bestreuen. Den Kirschnektar dazugießen und mit einer Kelle leicht umrühren.

Die Minzeblätter von ihren Stielen zupfen und in die Bowle geben. Dann die beiden Flaschen schäumenden Weißwein dazugeben. Die Bowle nochmals mit der Kelle ganz leicht umrühren.

Die Bowle mit einer Kelle in Gläser verteilen und mit kleinen Löffeln servieren.

Diese Bowle ergibt 10-15 Gläser.

Bezugsquellennachweis

Von den im Buch genannten Herstellern erhalten Sie Informationen zu den Produkten und einen Bezugsquellennachweis unter den nachfolgend angegebenen Adressen:

Riemerschmid Sirupe

Team Spirit
Internationale Marken-
getränke GmbH
Hubert-Underberg-Allee 1
47495 Rheinberg
Tel. 028 43/92 96-0
Fax 028 43/92 96-391
E-Mail: teamspirit@underberg.de

Hitchcock Fruchtsäfte

Sportfit Fruchtsaft GmbH & Co. KG
Hubert-Underberg-Allee 1
47495 Rheinberg
Tel. 028 43/9278-8
Fax 028 43/920-347
E-Mail: info@hitchcock.de
Internet: www.hitchcock.de

*Apollinaris Mineralwasser und
Schweppes Limonaden*

Apollinaris & Schweppes GmbH & Co.
Grüner Deich 15
20097 Hamburg
Tel. 040/300 54-0
Fax 040/300 54-499
E-Mail: info@apollinaris.de
Internet: www.apollinaris.de

Landliebe Milch und Milchprodukte

Campina GmbH
Wimpfenerstr. 125
74078 Heilbronn
Tel. 07131/489-160
Fax 07131/489-406
E-Mail: kundenservice@campina.com
Internet: www.landliebe-online.de

*Alkoholfreie Weine und alkoholfreie
schäumende Weine*

Weinkellerei
Weinkönig GmbH
Andernacher Straße 51
56070 Koblenz
Tel. 0261/825 66
Fax 0261/818 94
E-Mail: info@weinkönig.de
Internet: www.weinkönig.de

Bargeräte und Gläser

WMF AG
Eberhardstraße
73309 Geislingen/Steige
Tel. 07331/25-1
E-Mail: info@wmf.de
Internet: www.wmf.de

Über dieses Buch

Die Autorin
Marlies Forster ist die erste ausgebildete und geprüfte Barmeisterin in Deutschland. Seit mehr als zwanzig Jahren betreibt sie ein Bar-Restaurant in Bremen.

Haftungsausschluss
Die Inhalte dieses Buches sind sorgfältig recherchiert und erarbeitet worden. Dennoch kann weder die Autorin noch der Verlag für die Angaben in diesem Buch eine Haftung übernehmen.

Bildnachweis
Alle Fotos: Reinhard Rohner Fotodesign, München
Titelfoto: StockFood, München: Eising
Für die zur Verfügung gestellten Produktfotos danken wir den Firmen: Apollinaris & Schweppes GmbH & Co., Hamburg; Campina GmbH, Heilbronn; Sportfit Fruchtsaft GmbH & Co.KG, Rheinberg; Team Spirit Internationale Markengetränke GmbH, Rheinberg; Weinkellerei Weinkönig GmbH, Koblenz; WMF AG, Geislingen

Impressum
Es ist nicht gestattet, Abbildungen und Texte dieses Buches zu digitalisieren, auf PCs oder CDs zu speichern oder auf PCs/Computern zu verändern oder einzeln oder zusammen mit anderen Bildvorlagen/Texten zu manipulieren, es sei denn mit schriftlicher Genehmigung des Verlages.

Weltbild Buchverlag -Originalausgaben-
© 2002 Verlagsgruppe Weltbild GmbH, Steinerne Furt,
86167 Augsburg
Alle Rechte vorbehalten

Projektleitung: Dr. Ulrike Strerath-Bolz
Bildredaktion: Susanne Allende
Umschlaggestaltung: X-design, München
Innenlayout: X-design, München
Satz: Lydia Koch, Augsburg
Reproduktion: Repro Mayr, Donauwörth
Druck und Bindung: J. P. Himmer GmbH Druckerei und Verlag, Steinerne Furt 95, 86167 Augsburg
Gedruckt auf chlorfrei gebleichtem Papier

Printed in Germany

ISBN 3-89604-351-X

Alle Drinks von A bis Z